从教学走向教育

——一名基层校长的教育生态实践

隋晓光　著

首都师范大学出版社

CAPITAL NORMAL UNIVERSITY PRESS

图书在版编目（CIP）数据

从教学走向教育：一名基层校长的教育生态实践/
隋晓光著. —北京：首都师范大学出版社，2023.12
ISBN 978-7-5656-7809-7

Ⅰ.①从… Ⅱ.①隋… Ⅲ.①小学—校长—学校管理
—研究Ⅳ.①G627.1

中国国家版本馆 CIP 数据核字（2023）第 221972 号

从教学走向教育：一名基层校长的教育生态实践

CONG JIAOXUE ZOUXIANG JIAOYU：YI MING JICENG XIAOZHANG DE JIAOYU SHENGTAI SHIJIAN

隋晓光　著

责任编辑　武站世
首都师范大学出版社出版发行
地　　址　北京西三环北路 105 号
邮　　编　100048
电　　话　68418523（总编室）68982468（发行部）
网　　址　http：//cnupn. cnu. edu. cn
印　　刷　天津雅泽印刷有限公司
经　　销　全国新华书店
版　　次　2023 年 12 月第 1 版
印　　次　2023 年 12 月第 1 次印刷
开　　本　710mm×1000mm　1/16
印　　张　9
字　　数　124 千
定　　价　58.00 元

唤 醒 春 天

教育学家第斯多惠说，教育在于激励、唤醒和鼓舞。

在这个世界上，每个孩子都是一粒种子，教育要做的，就是让种子生根、发芽，使之变成形态各异的繁花，给这个世界增姿添色。

就好比大自然，有的种子生在良好的环境，能吸收丰富的雨露、阳光，而有的种子却生存环境恶劣，既可能遇上干旱也会遇上寒霜。但不管怎样，种子的性质都是一样的，它们的潜能就藏在它们的身体里，只需要我们给它们造就理想的环境，它们就会成长、绽放。

因此，我们的每个孩子都是拥有巨大潜能的个体，每个孩子心里都沉睡着一个巨人。我们要做的，就是唤醒他们的潜能，给他们合适的雨露和阳光，赋予他们春天的力量，让他们茁壮成长。

依据党和国家对学校教育应培养德智体美劳全面发展的社会主义建设者和接班人的使命要求，我秉持"五育并举，德育为先"，以"为学生的终生发展奠基"的办学理念，"务实进取、知行合一"的校风，"立德、启智、尚美、健体"的校训，"博学多识、教书育人"的教风，"勤学、好问、多思、创新"的学风，聚力打造了一支团结协作、教风过硬、甘于奉献、安心乐教的教师团队，并通过对学校整体课程的设计与规划，构建起学校课程体系，唤醒了学生内心蕴藏的向往和追求，展示了人的生命活力和创造性，为学生全面、健康、快乐和幸福的成长打下了扎实的基础。

首先，我们努力教会学生在知识的学习与应用之间保持平衡。少年儿童应用知识的能力，从心理学角度来看，实质上是一个知识技能的"迁移"问题。所谓应用某一类知识，就是将已经掌握的知识和技能广泛应用于新的场景。为促进学生学习知识的能力与应用知识的能力不断提高，我们应用了两种课程的构建形态：一是学校的学科课程，二是跨学科实践课程。前者是以传统意义上的课堂教学方式为主，后者是以探究性、开放性社会情景学习方式为主。两种学习方式交互在一起，才能实现让教育和学习回归生活，才能体现学生学习的社会意义。

其次，我们努力教会学生适应时代发展变化的能力，实现新形势、新教育、新人才。《国家中长期教育改革和发展规划纲要（2010—2020 年）》指出，国家需要"培养大批具有国际视野、通晓国际规则、能够参与国际事务和竞争的国际化人才"。在信息技术飞速发展的当下，我们积极培养学生迎接新时代的挑战，适应时代变革带来的全新要求。以学生的全面发展为目标，以学生的全面成才为根本，大胆进行教育教学改革，注重开发学生的创造性思维，树立学生的创新意识、创造能力、抗压心理，培养学生探索的精神，教育学生要终身学习，以适应新时代对人才的全新要求和人生中不断变化的各种全新挑战。

再次，我们立足社会主义核心价值观，坚持立德树人，培养德智体美劳全面发展的社会主义建设者和接班人。学校教育的目的是充分发展学生的个性和身心能力，提升学生的综合素质，促进学生健康快乐成长。在全国教育大会上，习近平总书记用六个"下功夫"，明确了培养担当民族复兴大任时代新人的方法论。我们深入学习习近平总书记的教育思想，准确把握并积极践行。我校一直在坚定理想信念、厚植爱国主义情怀、加强品德修养、增长知识见识、培养奋斗精神、增强综合素质上下功夫，促进学生全面发展。

最后，我们还构建了多元化的评价体系。我们不是评价这是一个什么样的人，而是告诉学生我们想让他成为一个什么样的人。

每个人都是独一无二的，都有自己的特长。我们知道，教育就是唤醒学生的心灵，就是用我们的灵魂唤醒孩子们的灵魂，用我们的生命点燃孩子们的生命。

教育，就要有唤醒春天的力量。

隋晓光
2023 年 7 月

| 目　录 |

第一章　聚力党建引领　筑牢育人根基

以党建工作引领学校高质量发展

习近平总书记在全国教育大会讲话中指出，教育既是国之大计，更是党之大计，"加强党对教育工作的全面领导，是办好教育的根本保证"。

新时代的教育工作者肩负着"为党育人、为国育才"的时代使命，担负着培养德智体美劳全面发展的社会主义建设者和接班人的育人责任。我们应把党建工作作为实现新时代学校高质量发展的重要内容。笔者认为，全面推进学校党建工作，扩大党组织和党建工作覆盖面，具有以下三方面的重要意义。

第一，加强学校的党建工作是让学校得以健康发展的必要前提。中小学教育是基础教育，任务和责任都很重，社会也很关切。因此我们需要提高认识，切实加强学校的党建工作，把学校党组织的作用充分发挥出来，把共产党员的先进性和学校发展结合起来，把党的思想融入学校发展的各个方面，依法办学、以质立校，为社会提供更好更优的教育资源。

第二，加强学校的党建工作是培养社会主义接班人的根本保证。中小学教育的重要任务，就是让孩子们健康成长，在他们心中形成社会主义核心价值观的思想和理念。为此，学校必须高度重视党建工作，全面贯彻和实施党的教育方针，落实立德树人的根本任务，让孩子们从小就养成爱党爱国的良好思想。

第三，加强学校党建工作是夯实党的执政基础的内在要求。基础教育是党的基层组织建设的重要领域。近年来，各地中小学的党建工作已经初具成效，但也存在一些党员管理、体制建设、思想政治教育等方面的问题。我们需要高度重视学校的党建工作，将这些问题一一祛除，补齐短板，推动学校党建工作的全面健康发展，建设起具有牢固壁垒的基层党组织。

爱与责任，无问西东

中小学党建工作是建设教育强国的必然要求。教育乃国之大计、党之大计。加强学校的党建工作，目的是让我们的教育教学有充分的思想理论依据和充足动力。所以，我们的党建工作也必须和学校的教育教学有机结合起来。

首先，把好"方向盘"，把学校的办学思想和党组织的政治核心作用结合起来。学校的党建工作可以给学校创设一个良好的政治舆论环境，贯彻实施党的教育方针，监督学校管理组织认真执行，依据党的政策解决学校发展中面临的各项问题，可以保证学校教育教学工作始终符合国家的教育政策、符合国家的法律法规，也符合国家提倡的素质教育的基本要求。

其次，我们的教师的行动要与共产党员的先锋模范作用相结合。作为党员教师，在学校的各项活动中要充分发挥先锋模范作用，充分认识思想引领的重要作用，做立德树人的典范，为其他教师做好示范。我校就经常开展"党员示范课"活动，我们要求只要是党员教师都要参与，激励这些教师成为业务标兵，成为先锋模范。同时，我们还设立了党员先锋岗，让这些党员教师能充分感受到自己肩负的责任和使命，也让他们感受到成功的喜悦和作为党员的自豪。

再次，把教师队伍建设与党员队伍建设相结合。这些年来，我校非常重视教师队伍建设，既有内部培训，也会到外面向其他教师队伍建设做得好的学校"取经"，切实提高了教师队伍的理论素养。对于党务工作人员和党员教师，我们也采取了各种各样的培训工作，以丰富多彩的活动、论坛、报告等形式为载体，开展各项理论研讨和教学经验交流。无论是普通教师队伍，还是党员教师队伍，我们都是业务培训与党务培训并举，不仅加强教师的专业能力，也加强教师的师德修养，不断提升他们的业务水平和思想素质。

最后，把校园文化建设和党的精神文明建设相结合。中小学的德育教育，其中一个重要的途径就是文化育人。因为文化是民族的血脉，是人民的精神家园，它对我们的思想行动具有潜移默化的引领作用，而精神文明建设就是党建工作的一个重要内容，所以，学校的校园文化建设必须和党的精神文明建设结合起来，用文化的方式发展有灵魂的教育。其实，抓精神文明也就是在抓校园文化建设。我们在打造学校的校园文化时，要充分发挥党建的引领作用，学校各团体通力合作，给孩子们普法、示警，灌输正确的人生观和价值观，这样才能点燃师生工作的激情，也才能有效提升学校的办学品位。

"三红四爱"，共育党建品牌

莱阳市西关小学成立于1984年，前身是一所村办小学，2014年由教体局直属管理，经规划改造后，2015年9月新校投入使用。学校占地面积10087平方米，建筑面积7883平方米。现有教学班20个，教职工58人，学生900余人。党支部在职党员8名。这是一所风景如画的学校，红砖楼宇，绿树成荫，一年四季美如花园。这是一所朝气蓬勃的学校，是一所承载希望的学校。

近年来，学校以党建为引领，将党建工作与学校融合发展，创建了"三红四爱，绘五彩童年"的特色党建品牌。"三红"指筑红色堡垒，树红烛先锋，育红心少年。"四爱"指爱生、爱校、爱师、爱家庭。"三红四爱"绘成学生德智体美劳全面发展的五彩童年。

一、铸"三红"

（一）筑红色堡垒

一是打造红色支部。建立健全党建工作责任制，构建横向到边、纵向到人的责任体系。积极开展党组织活动。认真开展各种学习及主题教育，扎实开展"学、做、树"活动。每周五下午第一节课为党支部集体学习课，统一发放党史学习资料，撰写笔记并交流分享。加强支部间的横向学习，与农商银行党支部联合共建，切实发挥党组织的战斗堡垒作用。

二是锻造红心党员。利用"互联网＋"平台，依托《学习强国》和《灯塔党建在线》，加强党员干部思想建设，组建党建 QQ 群、微信群、钉钉办公平台，增强党建主题教育的吸引力和感染力。组织党员及青年教师参观胶东第一县委革命历史文化展览馆，走进红土崖革命烈士陵园纪念堂，参观党建文化长廊，接受党史教育，增强党员干部红心向党、甘于奉献的责任感和使命感。

（二）树红烛先锋

一是书记示范贵引领。笔者作为西关小学领头雁，从新冠疫情暴发开始，未休息过一天。积极协调，为莱阳市委教育工委筹得防疫物资赞助 3 万元，为学校筹备防疫物资近万元。学校的防疫工作扎实、有效，受到烟台督导组的高度评价。

同时，笔者积极投身课题研究，主持的"十三五"专项课题被评为烟台市教科研成果三等奖。"十四五"课题申报中，带领年轻教师积极申报美术、体育、数学等课题。积极进行课堂改革，参与听评课活动。

在多年工作中，笔者先后被评为山东省优秀少先队工作者、烟台市第四批名校长培养人员、烟台市先锋共产党员、烟台市教学能手、烟台市师德标兵、烟台市优秀禁毒校长，数次被评为莱阳市优秀教师及莱阳市优秀少先队辅导员。分别执教国家级优质课例 1 节、省级优质课例 1 节、市级优质课 3 节、县级优质课若干。

二是榜样力量重影响。莱阳籍老党员乔惠民，曾先后两次将自己省吃俭用的积蓄共计 20 万元捐赠资助西关小学，用自己的工资资助贫困大学生及其他学校。学校成立以乔惠民命名的惠民图书馆，每年在师生中开展"给乔奶奶的一封信"感恩主题教育活动，用她生活节俭、精神富有的党性光辉影响西关小学师生。

三是党员先锋有担当。新冠疫情期间，党支部统筹谋划抗疫保学措施，党员干部和党员教师担当在前，带领学校教师全面开展"线上教学"，为全市推送线上精品课 42 节。党员先锋保证 24 小时在校，接受和传达最新防疫信息，领取防疫物资。为孩子们义务发送课本，保证每一名学生都不耽误学习。在疫情防控关键阶段不忘初心，小小心意鼓舞士气，居家隔离期间，由支部宣传委员吕艳玲主持改编的抗疫歌曲《你笑起来真好看》先后在市级、省级媒体上展播。开学复课在即，党员先锋提前返校，冲锋在前做好疫情防控，制定学校疫情防控手册，师生入学一日流程及流程视频等，共计 2 万余字，为全校师生安全、有序入学打下坚实基础。

支部设立党员安全先锋岗，为学生的安全保驾护航。党员先锋每月一次学校安全讲座。2021 年 4 月，学校承办了由党员代表李笑主持的 100 多人的全市教体系统安全现场会议。通讯稿《山东省莱阳市西关小学开展"反恐防暴"安全教育活动》分别在光明日报、中国政协网及省、地级新闻媒体发布。

支部重视青年教师培养工程，建立党员骨干教师和青年教师师徒结对帮扶制度，开展助力青年教师成长的五大工程：校长关怀工程、业务引领工程、课堂打造工程、集体温暖工程、读书提升工程。党员领导干部充分发挥自身示范作用，以老带新引领青年教师专业发展。学校4人次获烟台市级荣誉，有23人次获莱阳市级荣誉。2人次获国家级优质课，4人次获省级优质课，14人次获烟台市级优质课。主持省级课题1个，市级课题2个，相关课题研究工作已取得一定成果。

（三）育红心少年

以党建带队建，加强少先队阵地建设，充分发挥校园广播站、微信公众号、主题班会、校报、微视频等宣传作用，引领少先队健康成长。为学生系好人生第一粒扣子打下坚实基础。

一是强化仪式教育。利用新学期的"我是小学生"新生入学仪式、六一儿童节的"我为队旗添光彩"少先队入队仪式、五年级的"扬帆起航"毕业典礼、每周一的升旗仪式等增强学生集体荣誉感和责任心。

二是注重节日教育。利用节日活动对学生进行系列文化教育，如"缅怀先烈，学习党史，做新时代好少年"清明扫墓祭祀活动、"粽叶飘香端午情"端午节包粽子活动、"快乐六一跳蚤市场"儿童节图书义卖活动、"立爱国志，抒报国情"国庆节绘画活动等，使学生在节日中感受中华文化的魅力，增强民族自信心与自豪感。

三是加强主题教育。开展防震防火演练、"提倡节约，反对浪费"教育、"敢于说不"校园防欺凌教育等，签订责任状。2021年，以建党100周年为依托，开展"百年征程红心向党"主题教育活动、开学第一课"党的光辉照童心"、学雷锋日活动、"党在我心中"亲子共读党史故事、"红色教育"综合实践手工活动、"百年征程，童心向党"全员运动会、"百灵童声百天颂党赞百年风华"党史宣传活动等。截至2022年，学校向莱阳市委教育工委及市委宣传部报送了5节童声党史宣讲内容，2篇已在学习强国平台发布；报送微党课 1 节。

二、倾"四爱"

(一) 爱生——倾爱子之心

学校关爱学生成长，重视学生全面发展，像爱孩子一样爱学生，服务于学生。

1. 党员＋学困生

学校在党员骨干教师中开展针对学困生的"1＋2"帮扶结对工程，一名教师带两名学生，及时了解掌握困难，帮他们走出困境。

2. 党员＋心理健康教育

学校加强对学生的心理健康教育，举办心理健康讲座。自 2020 年以来，先后举办了 10 余次心理健康讲座。新冠疫情期间，以视频形式每周推送一节心理健康微课，指导学生居家学习、生活，做好心理疏导。

3. 党支部＋五彩活动

学校以德智体美劳全面发展为育人目标，加强体育、美育、劳动教育重点突破，五育并举齐发展，绘学生五彩童年。

学校积极开展春季全员运动会、新学期队列比赛、冬季万米长跑接力赛等，增强学生体质，弘扬体育精神。2018 年，学校体育期末考试成绩全市第一。2019 年，学校足球队代表莱阳市参加烟台市市长杯足球比赛。2021年全市排球比赛，学校取得男队全市第一、女队全市第五的优异成绩。学校自编跳绳操获得莱阳市大课间活动三等奖。

在艺术展演方面，学校历年参加莱阳市中小学艺术教育成果会演。2019年，学校参加烟台市中小学生校园艺术节莱阳市专场演出。2020 年 7 月，学校拍摄以校园生活为主题的毕业歌曲视频《凤凰花开的路口》，分别在烟台教育发布、烟台电视台及《学习强国》上推出。

劳动综合实践活动方面，在 2021 年 4 月的莱阳市"勤动手百花放"综合实践与劳动教育成果展观摩现场会上，学校的"红色百年献礼祖国"线缠画代表烟台市参加全省综合实践活动现场展示。

（二）爱校——倾爱家之情

爱校如家，以爱家之情爱校。

1. 学习教育用心爱校

学校加强师德师风建设，签订师德师风责任状，开展师德师风演讲比赛。一年级二班学生家长送给老师的锦旗"师德高尚教学严谨，爱生如子师恩难忘"是家长对教师师德的肯定。

2. 思想教育用情爱校

学校把爱国主义教育贯穿于爱学校、爱莱阳系列主题活动中。党员先锋组织全校教师开展"西小教育，我的责任"演讲比赛、"红歌大家唱"歌咏比赛。

3. 教学工作用智爱校

学校要求党员先锋带头上好两课——思政课、业务课，用智慧启迪智慧。

（三）爱师——倾感恩之意

学校党支部书记深入一线，了解教师学习、生活、工作中的困难，及时帮他们排忧解难。元旦和教师们一起包饺子，端午节包粽子，参与教师各种活动，如运动会、拔河比赛、队伍团建活动，提升团队的凝聚力与向心力，增强职业幸福感。教师节期间，支部成员开展送温暖活动，多次走访慰问老党员、老教师，做好老教师光荣退休仪式，精心为他们准备纪念品，颁发荣誉证书。

（四）爱家庭——倾家校之谊

1. 党员先锋岗＋贫困生

对于家庭困难学生，学校组织党员先锋岗入户进行全面摸排，精准掌握具体情况，建档立卡，根据困难情况进行贫困补助。

2. 党员＋课后延时服务

支部成员和党员冲锋在课后服务第一线，成立课后服务工作小组，增强了教育服务能力和质量，提升了教育满意度。

3. 党支部＋家委会

学校成立三级家长委员会，参与学校管理。定期召开家委会成员会议，及时了解家长意见，形成学校、家庭、社会三位一体的育人环境，构建起以点带面辐射性的党建育人新模式。

"雄关漫道真如铁，而今迈步从头越。"学校党支部将在莱阳市委教育工委的正确领导下，坚持党建引领，高举党建旗帜，持之以恒地打造"三红四爱，绘五彩童年"品牌工作，将党建工作与学校的教育教学工作深度融合，努力扩大党建品牌影响，为莱阳教育再添光彩！

薪火相传的使命与担当

习近平总书记指出："各级各类学校党组织要把抓好学校党建工作作为办学治校的基本功，把党的教育方针全面贯彻到学校工作各方面。"莱阳市西关小学党支部全体党员干部在莱阳市委教育工委的坚强领导下，坚持"德育为先，五育并举"的育人理念，以办人民满意的教育为目标，求真务实，开拓创新，在工作中突出"三个聚焦"，扎实深入开展了各项党建工作。

一、聚焦支部建设发展，构筑红色堡垒

截至 2022 年，西关小学共有教师 49 人，党员 15 人，其中在职党员 8 人，党员平均年龄 37 岁。针对党员数量少、年轻的现状，西关小学党支部积极考察推选优秀的年轻教师，仅 2022 年上半年，已有 4 名青年教师递交

了入党申请书。为打造出一支肯吃苦、讲奉献、冲得上的党员队伍，西关小学党支部与农商银行营业厅党支部进行联合共建，号召党员学习营业厅支部日日清、事事毕、工作严谨有序等优点，实现优势互补，将组织优势转化为发展优势。学校支部委员负责安全工作，年轻党员在安全管理岗位。2022年4月，学校成功承办莱阳市教体系统安全工作现场观摩交流会。2022年上半年，学校安全工作的经验做法在人民日报、光明日报等诸多国家级、省级媒体进行了宣传报道。

二、聚焦党建活动开展

针对小学生的年龄特点，西关小学党支部以活动为载体，以党建带队建，有形式，重质量，扎实开展"学、做、树"活动。

（一）创新形式学党史，坚守红色初心

党员美术教师带领学生将语文课本《小英雄雨来》的课文内容，通过剪纸连环画、讲故事的形式呈现，做成微党课。以"建党百年、红色中国"为主题，进行综合实践活动创作。创设的解放莱阳战役场景的创意彩泥手工、线缠画作品和剪纸连环画，在山东省劳动教育研讨会上进行现场展示，受到教育部、山东省及烟台领导的高度好评。莱阳市委党史研究中心将流动党史馆搬进校园，为师生送党课，赠送红色书籍、展播红色电影。开展了"百灵童声，百天颂党，赞百年风华"党史宣讲活动，学生通过说、唱、演、画等具体形象的党史教育形式，学党史、知党情、感党恩、跟党走。截至2022年，已有5部作品在学习强国平台发布。这些活动提高了孩子们的动手能力、表达能力，又润物无声地在学生中厚植下爱党、爱国、爱社会主义的情感。

（二）奋楫笃行做实事，坚守为民初心

学校党支部举办"幼小衔接"家长观摩、幼儿入校体验，邀请市教体局家庭教育宣讲团举办"小升初"衔接主题家长会，为正确引导家长择校、升

入初中后家长和学生心理建设及不同能力学生学业管理等现象科学搭建桥梁。

（三）以身作则树先锋，坚守务实初心

笔者作为莱阳市西关小学党支部书记，带头讲党课，在业务发展上，带头积极主持参与课题研究，申报烟台"十四五"专项课题3个，市级小课题3个。以课题促教学，以科研促成长，引领年轻教师的业务素养向纵深发展。在团队的共同努力下，学校各项工作成绩斐然。

作为新教师跟岗培训及墩苗工程基地学校，学校党支部书记带队伍时，实施政治引领、业务指导、精神关怀、生活温暖等暖心工程，9名新教师中，3人主动申请成为班主任。正因青年教师的干劲和闯劲，学校光荣承担了烟台市信息技术应用能力提升工程2.0实验学校的任务，5名年轻教师承担全市教学案例、微能力点的培训任务，其中3名为2020年新入职教师。

同时，学校大力宣传莱阳籍老党员乔惠民老人为学校捐资助学的先进事迹，牢记老党员对年轻党员的嘱托：党需要我们干什么我们就干什么，不能讲条件。鼓舞全校师生始终保持昂扬向上的精神风貌，全校范围内掀起了比奉献、讲实干、钻业务的热潮。

筑红根基，润物无声

教育是最大的民生。莱阳市西关小学从党和国家事业发展全局的高度，坚守"为党育人、为国育才"的教育初心，把立德树人的目标融入"五育"体系，使思想政治工作更加贴近学生生活和学习实际，筑红根基、润物无声。

一、聚焦"学"字，深悟党史学习教育主旨

一是全面系统学习，坚持集中学习与分散学习相结合。我校把理论学

习作为重中之重，利用每周五下午组织党员干部集中学习。时刻警醒告诫党员干部牢记宗旨，筑牢思想防线，深刻吸取教训，争做新时代合格共产党员。

二是深入开展谈心谈话，坚持批评与自我批评相结合。我校党支部积极开展谈心谈话工作，主要谈自身和对方存在问题的具体表现，谈改进提高的意见建议，坚持把话讲在当面、把问题摆上桌面、把矛盾化解在前面，力求把问题谈开谈透、找准找实。

三是深剖存在问题，坚持组织与群众紧密联系。首先，拓宽渠道广泛征求群众意见。采取个别访谈、发放征求意见表等形式，广泛听取群众意见建议。其次，召开检视问题专题会，着重针对群众意见进行自身深刻剖析。最后，严格对照找差距，将不足列入问题清单和整改台账。

四是召开高质量专题生活会，坚持查摆与整改相结合。敢于直面问题，改进作风，整改落实，为全面提升各项工作水平凝聚力量。

二、聚焦"做"字，落实立德树人

我校紧紧围绕党史学习教育宗旨，把党史教育始终贯穿在立德树人的全过程。以活动为载体，充分发挥党员先锋的示范引领作用，以党风带校风、促学风，为全面提升学校教育教学质量，促进学生综合素养的提高凝聚力量。

学校建立"思政课程、红色读物、参观基地、专题宣讲、主题活动"五位一体的学习教育体系，积极构建党史学习教育第二课堂，利用每周一的升旗仪式、主题班会以及各种党史教育活动，引导学生从小知党史、念党恩，激发他们的爱党爱国热情。

同时，我们充分发挥学校微信公众号的宣传作用，将党史教育由课内延伸到课外，由校内辐射到校外，党员带动教师，教师引领学生，学生带动家长，营造浓厚的党史学习氛围，建构学校、家庭、社会三位一体的党史学习堡垒，让师生家长在潜移默化中学习巩固党史知识，将立德树人真正做到实处。

三、聚焦"实"字，践行办人民满意的教育宗旨

我们坚持将党史学习同促进学校教育教学工作发展、提升群众满意度等工作紧密结合起来，同总结经验、针对学校实情推动工作深入开展结合起来，用心用情用力解决好教师的困难事，学生、家长的烦心事，急教师之所急，想家长之所想，做学生之所做。

一是发挥党建引领作用，做实高质量的学校教育。党员干部带头引领攻坚任务，形成"群众看党员，党员看干部"工作氛围。2022年，我们按照教体局部署完成全员家长线上满意度测评1次，继续扎实深入开展"万名教师进万家"活动，开展党支部书记共话教师和家长活动，通过支部书记与教师和家长面对面沟通交流，共促学校发展。

二是释放执行动能，切实提升党员先锋的执行力。我们着重要求党员由"被动作为"变为"敢于担当"，让党员真正成长为想干事，干实事，干成事的执行先锋。安全重于泰山，党员抓安全，安全有保险。我们承办了由党员代表主持的100多人的全市教体系统安全现场会议。党员助力青年教师专业成长，新老教师一加一传帮带，认真落实跟岗培训暨"墩苗"工程，有4人在我校进行"墩苗"学习，助力新教师的成长。

三是为师生办实事。根据我校的实际情况，我们围绕课程设置、学生一日常规管理等问题，建立各级部负责制、各班级负责制，实际问题实际对待，发现问题及时处置。对于广大师生"急难愁盼"的问题，及时落实到位，增强师生的获得感、幸福感。本着为学生负责的理念，我们始终坚持学生是教育的主体——党史教育，学生依然是主体。我们的每一项活动都要将

这一理念贯穿到底。党史教育活动入脑入心，增强他们学习的积极性、主动性，引导学生从小听党话，跟党走。

四、聚焦"严"字，狠抓整改落实

我校党员针对学校存在的问题，逐条梳理，形成问题整改台账，逐项制定整改措施，明确整改时限，做出整改承诺，接受党员和群众的监督。党支部对支部党员问题清单进行汇总，并明确专人定期督促党员逐条逐项落实整改措施，党员根据整改情况及时填报整改台账，党支部根据整改落实情况定期通报整改进度，倒逼党员以雷厉风行的作风、"担担子"的勇气和"钉钉子"的精神，迅速抓好整改落实，以高站位、真担当、硬作风狠抓真抓深抓问题整改落实，真正解决精神上、思想上、行动上的"顽瘴痼疾"，达到标本兼治的效果，确保整改问题"不留死角"，做到解决问题不打折，努力做好专题组织生活会"后半篇文章"。

让党史教育扎根校园

莱阳市西关小学秉承"质量立校、创新强校、文化铸校、和谐荣校"的宗旨，将学校的文化教育工作与党史教育紧密相连，通过各种丰富多彩的形式，在校园里普及党史知识，浇筑思想根基，让党史宣传深入学校每一个角落。

一、红色仪式——立校之本

学校强化红色仪式教育，通过各种仪式宣传渗透党史知识，如新学期的

"我是小学生"新生入学仪式、六一儿童节的"我为队旗添光彩"少先队入队仪式、五年级的"扬帆起航新征程"毕业典礼、每周一的升旗仪式等，润物无声，潜移默化，增强学生集体荣誉感和责任心。

二、红色节日——强校之基

学校注重红色节日教育，利用节日对学生进行系列党史文化教育，如"缅怀先烈，学习党史，做新时代好少年"清明扫墓祭祀活动、"粽叶飘香端午情"端午节包粽子活动、"快乐六一跳蚤市场"儿童节图书义卖活动、"立爱国志，抒报国情"国庆节绘画活动等。学生在节日中感受中华文化的魅力，增强民族自信心与自豪感。

三、红色主题——铸校之魂

学校加强红色主题教育，开展了"讲红色故事，重温红色经典""红歌大合唱""提倡节约，反对浪费""长征故事我知道，长征精神照我心"等主题教育活动。2021年，以建党100周年为依托，开展了"百灵童声，百天颂党，赞百年风华"系列党史主题宣传教育活动，让党史的种子在学生心中生根发芽、开枝散叶。开学第一课"党的光辉照童心"、学雷锋日活动、"党在我心中"亲子共读党史故事、"百年征程，童心向党"全员运动会等主题，更坚定了学生听党话、跟党走、一切行动听指挥的信念。

目前，将党史教育和教育教学工作有机结合已成为莱阳市西关小学工作的常态，红色已经成为学校永不磨灭的底色，以此渲染浸润学生打好人生底色，筑牢红色根基，为学生系好人生的第一粒扣子。

第二章　创树德育品牌　浸润五色德育

点化生命的美丽

——德育在学校教育中的地位和作用

德育在学校教育中处于什么地位？我个人认为它是处于首要位置的。因为教育最初的任务就是人的社会化，而人的社会化的实质就是学习伦理秩序，这就是一个德育问题。因此，从教育的起源来讲，教育的本质几乎就等于德育，就像康德说的"教育就是让人成为人"。那么，我们要怎样在中小学教育中做好德育工作呢？我想，每一名中小学校长都应该好好思考一下这个问题。

一、德育的概念

广义的德育指的是教育者对受教育者施加思想道德教育，形成受教育者拥有道德和自我修养能力的活动。而狭义的德育则专指学校的德育，也就是教师有目的地对学生思想品德进行培养的活动。在我国，学校的德育通常包括三个部分，即政治教育、思想教育和道德品质教育。

二、德育在学校教育中的地位和作用

（一）德育是学校素质教育的灵魂

美德是中华民族的灵魂，我们中国能成为东方巨龙屹立于世界之林，与我们中国人几千年来拥有优秀的品德是密不可分的。同样，德育也是学校素质教育的灵魂，只有加强对学生的德育，我们的素质教育才能切实落地，有所成效。

我们现在的素质教育，主要包括七个方面，即思想品德教育、文化科学素质教育、身体素质教育、审美素质教育、心理素质教育、技能素质教育和社会交往素质教育。这七个方面合为一个有机的整体，各个部分相辅相成、有机融合，任何一方面的提高都会促进其他方面的提升。而如果各个方面都有提升，那学生的整体素质水平也会大幅度提升。而德育呢，包括政治教育、思想教育和道德品质教育，是素质教育的"导航灯"，能够切实促进其他各项教育。就像我国著名教育家陶行知说的那样"千教万教，教人求真""千学万学，学做真人"。所以，德育是学校素质教育的灵魂，这是由德育的本质来决定的。

现在，社会发展越来越快，未来的人才也必须是德智体美劳全面发展的人才。在"五育"中，德育排在第一，是其他"四育"的动力和支撑。例如，我们强大的心理素质、高超的劳动技能、良好的习惯，都不可能离开德育。就像洛克所说"德行越高的人，其他一切成就的获得也越容易"。所以，面向未来，我们必须把德育放在学校教育的首要位置，让学生们树立正确的世界观、人生观和价值观，树立起更高境界的理想信念和责任感。

（二）德育在学校素质教育中有着不可替代的作用

1. 德育在学校素质教育中起着定向的作用

德育在学校的素质教育中，会对学生的素质形成指引方向，让学生朝着党的教育方针和德育目标成长，而不致走偏。德育的定向作用，体现在德育会解决学生世界观、人生观、价值观的问题，并能给学生建构起正确的思想、道德、观念、行为体系，使其能够正确地认知身边的人和事物。这些都是学生的思想意识倾向，对他们的人生发展起着指南和导向的作用。

2. 德育在学校素质教育中起着积极推动和维持的作用

我们任何人的道德素质，都是其他所有素质的基础，是我们发展的内驱力。在德育中形成正确的理想和信念，就能内化为学生所有行动的动机，成为践行各项活动的推动力量，让学生努力把自己培养成一个全面发展的人。

德育的维持作用，也可以说是支持作用。青少年学生，思想道德意识往往容易出现波动，容易受外界的影响。而人的素质一旦稳定，正确的思想信念一旦内化，就会让学生在各种场合表现出一致的品格，不至于波动摇摆。

做有温度的德育

学生良好的思想品德不是自发形成的，必须遵循一定的原则去引导，学校的德育目的、任务只有通过一定的途径才能完成和实现。重不重视、善不善于利用各种德育途径是关系到德育工作能否落到实处的关键性问题，可见要发挥德育途径的积极作用必须付出主观上的努力。

在改革开放的新形势下，如何增强学校德育工作的实效性，是广大教育工作者与理论工作者共同关注和探索的重大课题。下面笔者结合实际，谈谈如何有效地发挥德育的作用，增强学校德育工作的实效性。

一、实行全员管理，确保德育首位

教学工作是学校的中心工作，是学校进行德育的基本形式。学校要加强舆论导向，引导教师在教学过程中自觉地履行育人的职责。"德性资于学问"，教学实践证明，教学效果和德育效果是相辅相成、相得益彰的。教学过程中，教师对学生提出各种要求，做肯定或否定的评价，这些都会直接或间接影响学生的态度、志向、抱负、人生观和价值观等。教师对学生的严格要求、循循善诱，能培养学生严格的组织纪律、坚强的意志品质及独立完成学习任务的自信心和能力。相反，有些教师不重视教学过程的组织、管理，对学生放任自流，或方法简单、要求失当，造成课堂纪律松散，教学秩序混乱，影响了教学效果。

在教学管理中，要充分挖掘教材的德育内涵。普通课程结合学科特点，有计划地对学生进行共产主义、爱国主义、两史一情、传统美德、世界观、人生观教育。艺术课要努力培养学生正确的审美观点。劳技课要培养学生正确的劳动观点和良好的劳动习惯……

优美的校园环境、高雅的校园文化对学生起着潜移默化的教育作用。整洁亮丽的校园应该成为学生心目中一道永恒的风景线，高雅、浓郁的文化气息是学生创造美的源动力。上海建平中学校长冯恩洪说得好："环境是一种教育力量。我可以叫我的学生不要随地吐痰，这是一种教育，但是，我们应该创造一种环境和气氛，使学生不好意思随地吐痰。"作为学校管理者要把校园环境、校园文化作为一项系统工程来精心策划，达到"润物细无声"的境界。

二、充分发挥班集体的德育功能

班级组织是学生成长的重要环境，班集体是学校对学生实施教育工作的基本单位。

实验表明，个人单独完成任务，总比不上在众人面前完成的效果好。早在 1904 年，心理学家莫曼在做肌肉努力和疲劳实验时发现，当主持实验的人在场时，测试者举重的速度就快些，掷物的距离也远些。这种现象称为群体心理效应。这种群体对个体的心理行为的影响，表现在使各个成员之间产生一种归属感、认同感和得到支持的力量。班集体对学生个体的影响正是遵循这一原理的。学生的思维方式、知识积累、生活技能的获得和身心的发展，都同班集体紧密地联系在一起。班集体的目标、公约、舆论等都会对其成员的言行产生巨大的约束和调节作用。集体对学生个体进行的肯定、赞许或否定、批评的评价对学生保持还是克服各种言行具有直接的影响，久而久之就会强化或改变学生某一方面的行为习惯或活动方式，形成良好的思想品德。

根据群体心理效应原理，可以从下面几个方面着手，强化班集体的教育功能。

（一）发挥集体目标的激励性

班级在制订纪律、卫生等公约时，应交由全体学生讨论，形成共识，以作为集体的决定，因为只有被全体同学所认同的公约，才能变成大家的自觉行动。确定班级的奋斗目标应该从班级的实际出发，加以引导，让学生参与制定，只有被全体同学认同的目标才会产生巨大的凝聚力和激励作用，才能最有效地实现。

班级的目标管理，就是要用目标激励学生不断奋发进取，在实现目标的过程中培养学生的责任、义务观念，增强学生的集体荣誉感和自信心。班级目标的激励性应着眼于：一是要创设出好比摘桃子"伸手不及，跳而有获"的情景，激励学生的上进心；二是积极创造条件，通过共同努力，实现目标，让学生尝试成功的喜悦，向更高的目标进取。

拳击选手的经理人会刻意为他们选对手，使选手在大赛前有一连串的成功经验，以增强成功的自信心。班级管理可以此为鉴，使学生集体和个人慢慢地体验小规模的成功，以增强自信顽强的动力。

（二）培养良好的班级集体意识

良好的集体意识主要体现在优良的班风和集体舆论的形成。优良的班风营造一种愉悦、信任、团结、友爱、向上的积极气氛，它使每个学生有着强烈的归属感，驱使他们为集体服务，尊重班集体，也调节着学生的心境和行为。班集体舆论是指班级里占优势的为多数人赞同的言论、倾向和意识，正确的舆论能扶正压邪、鼓舞人心、明确是非，使班级保持积极向上的心理趋势，使学生的言行沿着正确、健康的方向发展。

（三）让集体的每个成员都找到适合自己的角色

集体中的每一个成员都应该是平等的，如果成员被集体所遗忘，他就会在集体中消沉，表现出对集体漠不关心，这样就会削弱集体的教育功能。因此，班集体应努力创设使每个学生都有表现自己、体现自我能力的机会的环境。班集体通过开展多样化的活动为个体提供发挥才能、锻炼自己的机会，促进他们个性的发展，使每个学生都能在多样化的活动中找到适合自己的活动、工作的角色，从而使自己特有的志趣、才能和爱好得到不断发展，也正是通过多样化的活动，每个同学的闪光点得以显露。

三、健全"三结合"教育网络体系

学校的德育工作，除了不断优化内部管理外，还必须努力创设条件，优化外部环境，使学校、社会、家庭教育形成合力。

《中共中央关于进一步加强和改进学校德育工作的若干意见》为新时期的学校德育工作指明了方向。我们坚信，只要广大教育工作者大胆探索，勇于实践，就会改变德育工作"低效"的现状，切实增强学校德育工作的实效性。

以德律己，以文化人

一、修己应为美乐事，小我也有大天地

教师，以教书育人为本。一位好老师，要助力学生健康成长，做好学

生锤炼品格、学习知识、创新思维、奉献祖国的引路人，要成为学生人生航船的优秀领航人。因此，涵养自己良好的师德应成为每位教师寻求自我专业发展的应有之义。年过八旬的郭齐家教授提到"经师易遇，人师难得"，何为人师？中华优秀传统文化中的"明师"，是以身作则、言传身教的老师，是"爱护学生、无私无隐"的老师，是"善教继志"的老师，是给予学生关怀和爱护的老师，是能珍守学生内心，为学生寻得一方安宁的老师……

要具有这些美好的师德，中华优秀传统文化是一片广阔的沃土。运海抟扶，必借垂天之羽；乘流击汰，必仁飞云之楫。在中国悠久灿烂的文化殿堂，产生了无数著名的教育家，从孔老夫子到蔡元培、陶行知、梅贻琦，犹如群星灿烂，他们各自体现了时代的精神面貌，代表着教育实践与教育思想演变中的各个阶段，这些是地地道道的中国模式、中国特色、中国学风、中国气派，其中许多已成为中国优秀教育遗产，他们自身的教育经历与人格精神，就是对"师德"的最佳诠释，是一部活的"师德"词典。

高山仰止，景行行止，虽不能至，然心向往之。借助中国优秀传统文化，涵养师德是我们孜孜以求的目标与动力。在教书育人的岗位上，励志、求真、力行。一言一行，都要遵守师德典范；一举一动，都要做好学生榜样。让修己成为一件美乐事，在小我中寻得发展的大天地。

二、己立方能立人，己达兼美天下

从事教育工作二十余载，从一线教师到校长角色的转变，让我思考问题的角度有了更加多元的维度。我会站在学校整体的高度，聚焦学校的发展方向、明确学校的办学理念，思考如何办一所让学生、教师、家长、社会都喜欢的学校，如何在学校中实现"乐学"。

我认为，"乐"离不开生命的体验、情感的触动和认知的提升。怎样让教师体验到教学以及教学中产生的学习的快乐，让学生体验到学习的快乐，优秀传统文化给我的思想认识打开了一扇窗。"发虑宪，求善良，足以謏闻，不足以动众。就贤体远，足以动众，未足以化民。君子如欲化民成俗，其必由学乎！"《礼记·学记》中也提到，若想在民众中形成良好的教化，养成良好的风俗习惯，一定要从教育入手。

在学校管理中，德育是至关重要的一环。多举措推进学校德育工作，涵养老师们的优秀师德，培养学生们的美好品德，在全校范围内形成一种向善向美的氛围，将"尊德性"的观念深植师生的内心，人人爱学习，人人讲文明，打造和美校园。儒家以美德品质为教育的核心，要人自愿地忠于其品德责任，快乐地寻求学习圣人，"三人行，必有我师焉。择其善者而从之，其不善者而改之"是其诠释。在学校中，老师以老师为榜样，学生以学生和老师为榜样，用箴言和榜样进行感召的教育，具有以点带面，以个体带动群体的功效，使得师生在各美其美的基础上，齐头并进，美美与共。

实干笃行，不负韶华。在学校管理中，我们可以大力弘扬优秀传统文化，思想上重视，行动上落实，明确优势，借助社会、学校、家庭，多方并举，让优秀传统文化在校园处处散芬芳。

习近平总书记说："中国优秀传统文化的丰富哲学思想、人文精神、教化思想、道德理念等，可以为人们认识和改造世界提供有益启迪，可以为治国理政提供有益启示，也可以为道德建设提供有益启发。"在新时代，党和国家教育事业的发展，对教师群体提出了新的期待，在教书育人中，我们要时刻牢记"育人育心"的基本理念，让我们为人师者的一颗博大的心，温暖学生们的心灵，让爱与关切成为他们人生成长的精神养分。加强师德师风建设，做有理想信念、有道德情操、有扎实学识、有仁爱之心的"四有"好老师，做政治素质过硬、业务能力精湛、育人水平高超的高素质教师。

以德律己，以文化人，且看今日初心如磐，履践致远，他日云程发轫，万里可期！

五育并举，让孩子成为最好的自己

"五育"并举指"德智体美劳"和谐发展的教育，这个思想最早来源于蔡元培先生提出的"军国民教育、实利主义教育、公民道德教育、世界观教育、美感教育"，这在教育思想史上是一个非常伟大的进步，同时也是符合人的全面发展的教育规律。

其实，真正的教育就是"吃五谷杂粮"，为了不偏食，教育是要有丰富性的。每个学科在人的发展过程中都有着重要的意义。我们不能浅薄地只看到"智"的层面。可以说，每个学科都有三大功能，首先是知识，其次是能力和素质，再次是育人。如果我们还将重心放在"考什么，教什么，学什么"上，就会导致学生丧失全面学习的机会，同时也丧失拓展知识面、提升素质、充分发育大脑、变得更聪明的机会。

"五育"并举的任何一育在上述方面都不可或缺。就拿体育来说，我们传统意义上或许只看到它增强体质的作用，殊不知体育对人的精神成长、心理素质、意志品质、团队合作、挑战精神等方面都有着重要的教育作用。

美育也是一样。它是全面发展教育完整体系的一个重要组成部分。学校美育的目的是分层逐步提高学生感受美、欣赏美和创造美的能力，帮助学生不断树立正确的审美观点、健康的审美情趣和高尚的审美理想，培养学生热爱生活、追求真善美相结合的人生境界。美育中的艺术学科在人的创造性、想象力和心理健康方面发挥的作用都是远超我们想象的。

"五育"不能偏废了任何一育，我们要的是"五育"并举。"五育"并举了，学生才会全面发展，才能变得更加聪慧，才能学得更好。这就好比我们的营养健康，如果一个人只吃维生素、蛋白质，是不可能健康的，因为不同的食品都有不同的营养元素，人只有吃得丰富才会真正健康。教育也是一样，只有"五育"并举，才能给学生提供更加丰富的学科和训练，才能让学生发展得更加全面和健康。

对于教育的多元性和丰富性，有的校长不敢去验证。有很多校长习惯于把那些不考的科目都减少，而把"节省"下来的时间集中用在学生的考试科目上，这实际上是非常错误的，因为这样教出来的学生始终"营养不良"。反观那些"五育"并举的学校，其实学生们并没有因此耽误学业，反而学得更好了，考试成绩都很理想。因为学生通过德育、体育、美育等课程的学习，身心更加愉悦，生活的幸福感增强了，实践体验使他们更聪慧，思维更加活跃，学习效率更高，学习效果自然也就更好。

铸五色德育品牌，促学生全面发展

在莱阳市西关小学，德高望重、令人敬仰的中华人民共和国成立前入党的老党员乔惠民同志，曾先后向我们捐赠价值 20 余万元的图书、钢琴、笔记本电脑、空调等，用于家乡的教育事业。

乔惠民同志不仅在物质上雪中送炭，还将"老党员"的精神种子播撒进青年学生的心田，勉励学生坚定理想信念，珍惜幸福生活，好好读书，立大志、成大树。她参加革命工作 40 年，入党 70 多年，无论在硝烟弥漫的战争年代，还是在激情燃烧的杏坛生涯，始终不忘初心，牢记党员的责任与使命，严于律己，甘于奉献，心中有党，心中有民，心中有大爱，以实际行动留下了一个共产党员的红色印记，养正学生的浩然之气。

根植于这道殷红的底色，西关小学以立德树人为根本任务，立足于发展学生核心素养，探索全课程育人的有效路径，将"红色德育、蓝色智育"相融合，提出五色德育品牌，形成了"德育为首，五育并举"的鲜明办学特色。

对此，我们设计 LOGO 如下：

该 LOGO 由圆环和五彩色带组成。圆环内部由红、蓝、紫、绿、黄五彩色带组合而成。红色是学校根植于乔惠民同志而来的德育的初心本色。蓝色是智育之色。红蓝融合是将红色德育嵌入蓝色智育的内核，在整个教育过程中发挥价值导向作用。在红、蓝两种主色调的基础上，又融入更丰富的色彩和内涵。紫色代表劳育，绿色代表体育、黄色代表美育。外部圆环下方是红色基石，托起上方蕴含德育工作理念的蓝色圆环。红蓝融合，五色德育，指的是让学校教育有温度、有色彩、有方向。

具体教学过程中，我们又将德育分为"五正"，即身正、言正、行正、心正、志正。"智育"分为"五爱"，即爱学习、爱劳动、爱锻炼、爱欣赏、爱探索。

聚焦"五正五爱"，学校形成了校园环境文化德育、学科课程德育、主题德育、活动德育、家校共育五个德育工作板块。希望本着求真务实的态度让这块德育品牌能如雨露般滋润学生心田，达到启智润心的目的。

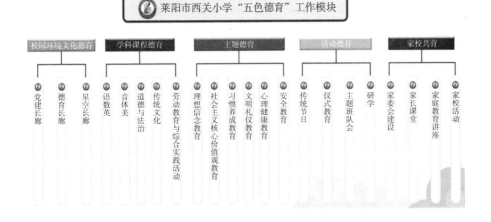

一、校园文化与环境育人、文化浸润

马克思说："人创造环境，同样，环境也创造人。"环境塑造人的心灵。学生生活在由社会、校园、家庭构成的多重环境中，但学生的多数时间在学校，所以校园环境对学生的心理影响尤其重要。

"桃李不言，下自成蹊。"环境是一门隐性的教育课程。我们要创建健康向上的校园文化氛围，使学校成为弘扬正气、团结友爱、生动活泼、秩序井然的精神文明基地，有效促进学生的品德向正确的方向发展。

学校环境建设应突出以人为本，创设多元的校园环境为理念。这种环境的重点是物理环境。西关小学在物理环境的创建上，重点聚焦在了以下三个方面。

首先是党建长廊。我校党支部创建了"三红四爱，绘五彩童年"党建特色品牌，充分发挥党建品牌在德育教育中的引领作用。学校崇德楼楼梯两侧壁画展示着中共从一大到十九大的光辉历程，让每一位学生铭记红船将星星之火燃遍神州大地，跟党走、听党话、一切行动听指挥的革命信念教育于无形中根深蒂固。

其次是德育长廊。我校厚德楼三楼走廊悬挂着共和国勋章获得者、七一勋章获得者等人的画像，他们都是指引学生前进的充满光芒的良师，是学生追光路上的灯塔。甬路两侧的巨型展板的主题包括爱国主义教育、理想信念教育、集体主义教育、明礼诚信教育、遵纪守法教育、心理健康教育、知恩感恩教育等，让学生一进学校就能感受到扑面而来的浩然正气，在潜移默化中受到德育熏陶。

再次是星空长廊。我校明德楼 2 楼展示的是神舟系列的走廊文化，从神舟一号到神舟十四号的成功发射叩响了孩子们探索宇宙星辰的大门。最美太空教师王亚平，曾先后 3 次为中小学生太空授课，神奇有趣的科学实验犹如一颗颗充满灵性的科学火花，绽放在孩子们心里，点亮了孩子们的科技强国梦。

二、道德法治统领，课程融合育人

我校全面建构起一个五色德育的综合课程群，以道德与法治学科为统领，整合各学科课程中的智慧、德性、文化等元素，初步构建起一体化实施的"综合思政"课程，使德智体美劳有机融合，实现全员、全科育人。其具体包括以下三个特色项目。

特色项目一：聚焦党建品牌引领，树立红色德育旗帜。我校党支部创建"三红四爱，绘五彩童年"烟台"一校一品"党建特色品牌，充分发挥党建品牌在德育教育中的引领作用。党支部书记带头讲党课，增强党员教师的党性教育。莱阳市委党史研究中心将流动党史馆搬进校园，为师生送党课，赠送红色书籍，展播红色电影。师生共读《乔奶奶的故事》，开展"给乔奶奶的一封信"感恩主题教育活动，用乔奶奶生活节俭、精神富有的党性光辉影响西关小学一代又一代师生。

特色项目二：学科融合创新。美术教师带领学生将语文课本《小英雄雨来》的内容，通过剪纸连环画的形式呈现；语文教师将古诗词与手工制作融合，做成图文并茂的诗配画；综合实践活动课教师以"建党百年红色中国"为主题创设线绕画作品、解放莱阳战役场景的创意彩泥手工作品。不同学科的融合创新，在提升学生文化底蕴的同时更培养了他们的审美情操。

特色项目三：体育锻炼一体化。我校以国家课程为基础，一、二年级开设校本乒乓球课，普及乒乓球的初级运动技术。三、四、五年级开设校园足球课，普及足球运动技术。学校每年开展春季全员运动会、新学期队列比赛、室内操比赛、冬季万米长跑接力赛、拔河比赛，有效提升了学生的身体素质和心理素质，同时增强了班集体的凝聚力和学生的团结合作精神，弘扬了拼搏进取的体育精神。

三、主题德育育人

我校会在每个级部确立一个活动主题，以此形成有层次、有梯度的德育活动教育体系。低年级为习惯养成主题，从《西小一日行为习惯歌》开始学习；中年级为恐龙研学主题、王亚平太空实验的太空主题，激发学生对科学探索的热爱；高年级为理想信念教育主题，启迪学生对未来的思考，志正笃行。顺应各类节日的主题更是异彩纷呈。在各类主题教育中，学校还深挖其背后的教育意义，激发起学生学习热情，提升德育素养。

四、活动德育育人

我校将教育内容与劳动、实践活动深度融合，形成了有层次、有梯度的德育活动教育体系，让学生在活动中成长。如，每学期的开学第一课系列活动，通过讲、看、说、唱等形式将爱国之心及理想信念教育印在心中。国庆节期间，学校利用活动课举行"巧手妙绘祖国美"活动，用创意彩泥真实还原解放莱阳战役的场景。以庆祝建党100周年为依托，党支部带领少先队开展各式各样的队日活动。还有开学第一课"党的光辉照童心""不忘初心跟党走，爱国奋斗学雷锋"活动、"缅怀先烈，学习党史"清明扫墓祭祀活动、参观胶东革命纪念馆、红色文物展进校园、"党在我心中"亲子共读党史故事、"红色教育"综合实践手工活动、红色剪纸微党课活动、"百灵童声，百天颂党，赞百年风华"党史宣传活动等。其中，"百年征程，红心向党"红军泥塑、红色剪纸、线缠画等作品还被收入莱阳市创意手工作坊做现场展示。

五、家校共育

"双减"之下，家校协同育人尤为重要。我校成立三级家委会，引导家长改变育人理念，参与学校管理，定期召开专项会议，开展家庭教育讲座，形成学校、家庭、社会三位一体的育人环境。学校在微信群开设家校共育亲子平台，推送优秀家教视频、案例。家长为学生开设"家长讲堂"，结合自身职业特点为孩子们打造异彩纷呈的课程。借助传统节日，引导学生"孝心敬行"，建立和谐的三代家庭关系，营造"美德之家"。学校各种大型活动如端午"棕"是情包粽子活动、清明节面燕制作活动、万米长跑接力等活动都邀请家长参加，真正实现了全员育人、多角度育人。

经过近三年的躬耕实践，五色德育品牌在西关小学已取得了一定的成效。

在德育上，以德培根，涵养了学生精神风貌。五色德育将德行教育和知识教育相结合，不断提升德育工作的针对性和实效性，使学生的精神面貌得到了改观，变得爱学习、爱劳动，也更爱家乡和祖国。

在智育上，以智固本，奠定了学生的扎实基础。学科的融合创新，转变了重知识传授、轻能力培养的育人理念，实现了教师与学生一体化学习成长，问题共振、情感共鸣、智慧共生，有效促进了学生核心素养的形成，教师真正成为学生创新火花的点燃者和智慧泉水的发掘人。

在体育上，以体强身，增强了学生的健康体魄。学校实施课内课外结合、集体个体结合、兴趣技能结合、规范特色结合"四个结合"，实现了体育锤炼意志和健全人格的综合育人功能。

在美育上，以美育人，陶冶了学生的高尚情操。学校挖掘地域文化资源，打造地方特色美育课程，激发学生热爱家乡、热爱祖国的情感及热爱传统文化艺术的兴趣，增强美育熏陶。

在劳育上，以劳夯基，锤炼了学生的坚毅品格。在田园课程、毅行课程相互引领、相互补充之下，学生形成了吃苦耐劳的坚毅品格和乐观的生活态度，塑造了良好的劳动价值观，懂得要用自己的双手创造劳动成果。

静享色彩，悦动成长

体育教师和美术教师属专职教师，他们业务能力高，专业水平过硬。为了合理有效地利用资源，释放教师的专业力量，发挥师资配备优势，更为提高学生的身体素质和审美情操，我们将增强学生体质、培养学生审美能力和创新实践能力作为重点，着力打造"静享色彩，悦动成长"的特色品牌，让素质教育之花绽放于校园。

一、静享色彩，美丽家园

色彩是能引起人的审美愉悦的最基本美学要素，也是校园建设的重要组成元素。色彩能装扮学校的环境，更能陶冶学生的情操。我校对学生审美能力的培养从这一基本要素开始，让学生从踏入校园的第一天起，就能在静谧中享受别样的视觉体验。

（一）色彩扮靓校园——校园是我家

环境造就人才，好的环境令人身心愉悦。美丽校园是我家，色彩扮靓靠大家。学校从装扮校园开始，让学生受到美的熏陶。

1. 中国红引领新学期

我校重视校园文化建设。新学期伊始，我校制作一系列图文并茂的党史宣传展板，亮眼的中国红将爱国的种子根植于学生内心深处。走廊上各色展板均取材于学校师生日常活动剪影，校园围墙上大色块的运用灵动地诠释着运动的意义，让学生走进校园的第一眼看到的是阳光、健康、正能量的因素。

2. 青青校园伴我行

我校重视校园绿化，根据不同季节的植物品种合理配置，充分利用每年3月12日的植树节在原有的基础上进行搭配补充，春花、夏树、秋叶、冬松，各色的花，郁郁葱葱的树，金灿灿的银杏叶，围绕操场的小松林带，各种色彩扮靓校园的一年四季。

播撒甘露绿成荫，校园四季美如画，任何时间行走于校园的每个角落都能感觉到清新的空气，亮丽的色彩，美的享受油然而生。

（二）色彩走进课堂——课堂我做主

课堂是素质教育的主阵地，要充分发挥课堂上教师的引领作用，利用美术课、活动课对学生进行审美艺术的熏陶，在感知色彩的同时提升学生的美学素养。美术教师除了完成规定的课程安排，还会根据不同的时间设置学生感兴趣的内容进行授课，将课堂内容注入新鲜血液，让美术课堂拥有活的灵魂。

1. 一支彩笔抒衷情

国庆节期间，为庆祝共和国华诞，我校利用活动课举行"巧手妙绘祖国美"活动，学生用五彩的画笔共同绘制一幅长7米、宽2米的巨幅画卷，蓝天白云壮美山河，自由挥洒的色彩描绘出孩子们对祖国妈妈的美好祝福。

2. 一把剪刀裁冬天

冬天到了，飞舞的雪精灵带给人无限的遐想。教师会适时地在不同年级开展"小巧手裁冬天"活动，学生通过活动体验剪雪花的方法，既丰富了想象力，提高了动手能力，又感受到传统文化剪纸艺术的魅力。稚拙的小手放飞自我，贴满黑板的白色雪花裁出童年的欢愉。

3. 一片墨色绘希望

国画是我们民族的传统艺术，为了让学生领略中华文化的博大精深，初步了解和掌握国画的绘画技巧与特点，教师从学生熟知的白菜入手，利用墨的浓淡和宣纸的特性，让学生感受国画的魅力，为学生走进国画艺术殿堂启蒙。我的课堂我做主，氤氲的墨色挥洒出孩子们童年的希望。

（三）色彩渲染生活——生活趣飞扬

对学生的素质培养不仅仅体现在学校、课堂，家庭也是提升他们综合素养的广阔天地。我们利用节假日鼓励学生走出校园，走向社会，激发学生的创作欲望。

1. 趣味盎然"诗配画"

我校"五一"假期开展诗配画主题活动，以培养学生想象力、创造力和动手操作能力为主要目标。学生将自己喜欢的古诗，动手配上相应的图画，把自己体会到的诗的意境、情感变成生动鲜明的图画。不少学生的作品构思独到，情景逼真，富有诗意，诗与画融为一体，达到了"诗中有画、画中有诗"的艺术境界。

2. 喜庆吉祥年年"鱼"

寒假中，结合春节这一传统节日，我们开展了"年年有余——手工鱼制作"活动。这一活动离不开教师在课堂上对制作方法的指导，从课内走向课外，从理论再到实践，学生的动手操作能力逐步提高。五彩斑斓的"鱼"世界体现了学生对美的追求和对美好生活的向往。

所有的这些活动都需要学生静下心来，去享受艺术带给他们的趣味，这是对学生定力的训练与测试。随风潜入夜，润物细无声。学生能带着对美的感悟与热爱坐下来，扎进去，那么综合素养的提高是潜移默化的。当然，这些活动的开展离不开家长的大力支持与配合，学生小的个体带动整个家庭，家庭带动社会，这种学校、家庭、社会三位一体的育人环境不正是我们需要创设的吗？

二、悦动成长，阳光校园

如果前者为静的话，那么体育训练当然要"动"起来。动静结合方显学生本色。课程标准明确要求小学体育应重视激发和提高学生参与运动的兴趣，所以"悦动"就显得尤为重要，这符合小学生身心和个性的发展，有利于高效提升和发展学生体能。以下几项是我校每学期的常态训练。

（一）队列比赛悦士气

新学期初，为提高学生的集体荣誉感和班级的向心力，我校都会举行队列队形比赛。团结、紧张、严肃、活泼是凝聚士气的关键，比赛中孩子们意气风发，斗志昂扬，整齐的步伐，响亮的口号，彰显着每个班级的凝聚力，更表达出孩子们无畏艰险、奋勇向前的决心与勇气。这项比赛也为新学期其他各项工作的开展打好了开局第一战。

（二）七彩跳绳悦心情

快乐的大课间是孩子们最期待的时刻，整齐划一的动作，优美舒展的手势，伴随着清脆悦耳的音乐起起落落。放松放松眼睛，活动活动筋骨，抖擞抖擞精神，茵茵草地成了孩子们放飞自我的乐园。正所谓张弛有度，舒缓的音乐停止，紧张的一分钟跳绳让全身每一个细胞处于高度兴奋状态，七彩跳绳上下飞舞，呼呼的风声为其加油。快乐的大课间，孩子们的最爱！

（三）旋转足球悦校威

足球要从娃娃抓起。为响应《国家体育总局、教育部关于加强全国青少年校园足球工作的意见》的文件精神，我校从一年级开设足球课，聘请专职足球教练，从最基本的动作练起，训练学生扎实的基本功。从三年级开始选拔球员，在四、五年级球员中择优组建校队。每学年一次的"校长杯"足球联赛已成我校亮点，呐喊声，欢呼声，所有的目光都会在旋转的足球上聚焦。流血流汗不流泪，敢拼敢闯不怕苦，光荣的桂冠都是用荆棘编织而成，小小的足球寄托在每个人的希望与梦想。

（四）楚汉河界悦神勇

为进一步提高班级的凝聚力，激发广大学生体育锻炼的激情，发扬不怕吃苦、团结协作的精神，我校每学期都要举行师生拔河比赛。一根长绳牵动众人心，心往一处想，劲儿往一处使。鼓起的腮帮，涨红的脸，攥紧的绳子，蹬直的腿，对峙，坚持，再对峙，再坚持……白热化的比赛将每个人的心揪住，呐喊助威声此起彼伏。真是小小河界显神威，狭路相逢勇者胜，长绳连接你我他，齐心聚力把奖争。

（五）万米接力悦心齐

学期末举行的万米接力赛也是我校的特色项目，前期选拔运动员的过程也是为接下来的体质检测做准备。每班选拔 20 名既有速度又有耐力的运动员参加比赛。小小的接力棒传递的是力量，更是众人团结协作、永不服输的精神。

（六）运动会场悦拼搏

如果说单项的比赛能培养学生的某一方面的能力素养，那么一年一度的全员运动会则是学生综合体能提升的饕餮盛会。这是学生最期待的节日，因为每个学生都有项目，长跑、短跑、跳绳、运球、呼啦圈、仰卧接力、袋鼠跳等项目精彩纷呈，快乐无限。不在乎成绩，重在参与，在和谐、平等、友爱的运动环境中，运动健儿们发扬勇于拼搏的奥林匹克精神，充分感受集体的温暖和情感的愉悦，充分体验成长的快乐。

我校的特色体育活动分布在每个学期的不同阶段，增强学生体质的同时，更培养了学生的运动技能。悦动体育，让校园充满力量；悦动成长，让童年洒满阳光。

当然，我们深知，学校的素质教育改革之路漫长且充满挑战，我们做的这些还远远不够，我们将一如既往地坚定信念，创造性地发挥已有的优势，形成特色品牌的同时，借鉴优秀经验，让素质教育真正做到百花齐放春意浓，兼收并蓄谱新章，求同存异谋发展，健康阳光新人广。

"德融数理·知行合一"德育新模式

一、背景与内涵

"德融数理·知行合一"是山东省委宣传部副部长、教科卫体委员会副主任林建宁先生提出来的一种德育理念。"德融数理"中的"德"指德育教育，它渗透于各个领域，各个学科；"融"是融入的意思；"数"指数据，包括大数据时代下各种数据统计、思维方法等；"理"指道理，即做人的道理，包括自然之理、生命之理、人伦之理、事业之理、社会之理等。"德融数理"即以"德"为魂，以"数理"为载体，运用大数据的思维方法，将情境教育、知识教育和实践教育有机融合呈现，增强德育工作的有序性和实效性。

二、整体目标

教育的目的，是培养德才兼备、知行合一的人才，通过不断的引导、强化、践行，激发学生强烈的道德认同，树立积极向上的人生观和价值观。为了有效达成德育总目标，我们根据学生的年龄特点进行细化，制定了三级纵向目标。

一级目标：灵动孩童篇（低年级段）。以课堂常规为主体，结合家校互动，培养学生良好的行为习惯、学习习惯、生活习惯等，做文明有序的小学生。

二级目标：谦谦君子篇（中年级段）。以各类纪念日为载体，结合主题活动，培养学生集体意识、诚信意识、感恩意识等，做团结友善的小学生。

三级目标：阳光少年篇（高年级段）。以党建华章为主线，结合实践活动，培养学生的担当意识、责任意识、爱国意识等，做有远大理想的小学生。

三级目标重点突出，有机融合，学生于"润物细无声"中接受系统的德育熏陶。

三、学校德育模式

针对这三级目标，我们初步确立了"二三四"的德育实施模式，即两大支撑、三类课程、四个层面。

（一）两大支撑是前提保障

一是理论学习强引领。学校定期召开专项会议，将"德融数理·知行合一"的理念传达给每个教师，并以专题讲座的形式让每个教师知其然，知其所以然。同时，充分利用烟台市信息技术 2.0 实验学校这一优势，让现代科技更好地服务于教育。

二是队伍建设有保障。首先，责任到位。学校建立健全工作责任制，校长带头抓，逐级传导，层层落实，切实履行"德融数理"主体责任。充分发挥中青年教师的引领作用，每周以学科集体备课为平台，将德育工作与学校各项工作有机融合。其次，家校合作。学校成立三级家委会，定期召开专项会议，开展家庭教育讲座，及时进行家校沟通，通过家长参与学校管理，形成学校、家庭、社会三位一体的育人环境。

（二）三类课程——实施的过程与方法

我们通过三类横向育人课程从四个层面将"德融数理·知行合一"做细做实。

常规学科育人课程——第一层面，以班级为平台的课堂生活。以道德与法治学科为统领，低年级我们重视学生的养成教育，《西小一日常规细则》是一年级学生入学初的必修课，让学生从小树立规则意识。中高年级则更重视学生各种能力的培养。

学校德育育人课程——第二层面，以学校为平台的校园生活。这一课程也是我校的特色课程——红色课程。学校利用每周一的主题班会对学生进行德育宣讲。在红色节日里举行形式多样的红色活动，如清明节祭扫、迎七一红色文物展、国庆绘画征文等，以此增进学生的爱国热情，增强民族自尊心和自豪感。

生活专题育人课程——第三层面，以家庭为平台的家庭生活；第四层面，以社会为平台的社会生活。这一课程涵盖了我校的特色课程——绿色课程（劳动教育）、黄色课程（美育教育）。这一课程是学生从课内走向课外、从校内走向校外的过渡，受活动内容、活动地点、活动时间的影响，需要取得家庭与社会的理解与支持，这就要充分发挥三级家委会的重要作用。

莱阳市西关小学把劳动教育纳入人才培养全过程，从最初的空中菜园种植绿植开始，拓展为现在每学期举办一次的劳动技能大赛，切实让学生体会到劳动创造幸福生活的真理。

美育取五星之黄色，寓意发展学生个性特长。学校充分发挥美术教师的引领作用，根据不同的时间设置学生感兴趣的德育内容进行指导。我校的创意彩泥工作坊代表莱阳到烟台参展，栩栩如生的泥塑作品将爱国主义教育根植于学生内心。

各类课程相互联系，和谐统一，有序进行，协调发展。以立德树人为中心，向外呈辐射状延伸，以序列化德育活动模式，共绘学生欢悦的五彩童年，夯实人生根基，为他们扣好第一粒扣子，真正做到了"德融数理·知行合一"。

第三章 构建"养正"课程
培育"养正"少年

童蒙养正与学生核心素养发展

一、"养正教育"概述

南朝宋史学家范晔在《后汉书》中写道:"以身教者从,以言教者讼。"教师自身首先要有正气,既用言语来教导,又用行动来示范,以培养学生的浩然正气,达到养正教育的目的。而梁启超的《少年中国说》也提出"少年强则国强,少年独立则国独立,少年自由则国自由,少年进步则国进步",同样的,少年满怀正气,则社会充满正气。

在中华文化传统教育中,"蒙以养正"的理念源远流长。最早见于《易·蒙·彖》中:"蒙以养正,圣功也。"意思是说,如果从小就得到了良好的教育,正确的引导,长大以后就可成为"圣人"。依照现代语言的解释,蒙以养正即指通过启蒙教育,培养其正确的世界观、人生观。养学生纯正无邪的品质,便是治蒙之道。

"养正教育"脱胎于"蒙以养正"。正,从一从止。"一"是目标,是头,即聚焦核心素养,落实立德树人根本任务,在培根铸魂中培养有理想、有本领、有担当的时代新人;"止"是脚,意味着行动,彰显的是"做"的教育哲学。"正"是"养"的目标追求，"养"是"正"的实现方式。"养"是"涵养""滋养"之义，是以时间上的"慢工夫"培养能力上的"真功夫"，即发展学生核心素养。这体现的是教育手段的道德性。"腾出时间"是"养"的基本前提，"有无相生"是"养"的基本实现方式。

"养正"合在一起意指正心养性，崇德向善，它是人格塑造、德性养成的内核。"养正教育"着眼于心灵改造与装备、品格构建与塑造、道德自觉与和谐、智慧挖掘与创造，其本质是让教育再次回归人的本质需要。

因此，养正教育突出的是教育的"素养本位"，把全人教育放在育人的优先地位，既符合"以人为本"的观念，更体现了教育的最高级功能和最理想的目标。

二、核心素养概述

2012年，党的十八大提出了"立德树人"的教育根本任务。2014年，教育部发布《关于全面深化课程改革　落实立德树人根本任务的意见》的文件，提出要研究制订学生发展核心素养体系。自此，"核心素养"迅速成为基础教育界的热词。

所谓"核心素养"，是指学生应具备的适应终身发展和社会发展需要的必备品格与关键能力。2016年9月，由北京师范大学核心素养课题组历时三年集中攻关，并经教育部基础教育课程教材专家工作委员会审议正式发布了《中国学生发展核心素养》，分为文化基础、自主发展、社会参与三个方面，综合表现为人文底蕴、科学精神、学会学习、健康生活、责任担当、实践创新六大素养，具体细化为社会责任、国家认同等十八个基本要点。这个定义，是对人的全面发展的再聚焦、再清晰，让我们明白究竟从何着手培养全面发展的人。有了它的指引，课程改革前行有了方向，课程标准设立有了依据，中高考评价方式找到了基准。所以，这个概念体系正在成为新一轮课程改革深化的方向。

核心素养的提出，就像一枚楔子，首先打破的是我们习以为常的人才观与评价观。"掌握知识不等于就是人才""高分不等于高品质"，因为核心素养有很大一部分是在"关注那些传统考试无法知道的东西"，核心素养重视的是那些"网络上找不到答案的东西"。

三、童蒙养正与学生核心素养发展的联系

中国古代向来重视儿童教育，儿童教育又以"养正"教育为重，即重视儿童道德品质的培养，强调"童蒙养正"。儿童在幼年时，知识经验少、天真纯朴，可塑性强，容易形成良好的习惯，如果在这个时候进行好的道德教育，就可以给他今后的发展打下良好的基础，并对他的一生产生非常重要的影响。

"童蒙养正"告诉我们，德育要抓住时机。一个人成长的过程中，最好的德育时期应该是在儿童生理、心理成长到一定程度，但对外界事物的规则还没有更深接触时，也就是"童蒙养正"。小学阶段的儿童发生的交往、认知等社会性需要和心理机能，孕育着道德素养的胚芽，是他们德性成长的起点。因此，要重视小学阶段的童蒙养正，遵循一定的规则，只有这样，才能使教育的效果达到更好。

养正教育致力于为学生一生的成长服务。就其实质来说，就是在儿童的幼年阶段，教育、启迪儿童的智慧和心灵，使儿童的身心、道德品质都能够得到健康成长，从而为其以后的性格形成及发展打下坚实的基础，这与"核心素养"的育人目标是殊途同归的。

"双减"背景下的"养正"课程

2021年7月，中共中央办公厅、国务院办公厅印发《关于进一步减轻义务教育阶段学生作业负担和校外培训负担的意见》，明确提出"强化学校

教育主阵地作用，深化校外培训机构治理，坚决防止侵害群众利益行为，构建教育良好生态，有效缓解家长焦虑情绪，促进学生全面发展、健康成长"。

落实好"双减"政策，不是简单地做"减法"，而是一个包含了加减乘除的四则运算题。在"减法"上，不仅要减轻学生和家长的负担，也应当减轻教师的负担，切实为一线教师"减压"，严格清理、减少各类非教学活动，让教师有时间、精力专注于提高课堂教学质量。在"加法"上，则要重视以学生素养在课后服务中的"增加值"来衡量服务水平，杜绝以"丰富的形式化活动"来简单应付。在"乘法"上，则当通过改革创新课程设计、作业设计、评价标准，充分调动教与学的积极性，产生"乘数效应"，实现减负、提质、增效。此外，学校、教师、家长和学生还应当增进沟通，用"除法"消除"双减"落实过程中的顾虑与阻力。

在"双减"政策的背景下，莱阳市西关小学基于其中蕴含的"四则运算"原则，对学校的"养正课程"也进行了全面的革新和改良。

一、用锐气大刀阔斧做"减法"

从整体上看，义务教育阶段学生的"作业负担"和"校外培训负担"的确是太重了：学生上学早，放学晚，回家后少有时间跟父母一起聊天、做家务，周末假期还得去校外培训机构继续补课。形式单调、有张无弛的学习组织方式，既违背了学生身心发展规律，又无益于教育和社会"内卷"的破局。"三十辐共一毂，当其无，有车之用。"鉴于此，西关小学在"双减"政策的刚性支持下，为学生高品质发展腾出了大量时间和空间。

二、以匠心多元开放做"加法"

"双减"政策要求减掉的是过度依赖纸和笔机械训练学生的育人方式。

为此，西关小学从学生普遍存在的"字不正"的问题入手，以"求心正、求气正、求行正"为目标追求，用扬、弃、补相结合的方式架构了"养正"课程群：一是志于道的"原课程"，力求通过素读经典培根铸魂；二是立于写的"源课程"，旨在引导学生把创意写作与经典之言的实际应用结合起来；三是依于仁的"圆课程"，引导学生爱人、爱社会、爱国家；四是游于艺的"园课程"，着力追求"德"润身心、"智"开眼界、"体"铸魂魄、"美"生幸福、"劳"益勤俭；五是成于行的"远课程"，意在帮助学生读懂丰富多彩的社会生活和广袤的大自然这两本无字书，进而让生命的意义感流动起来。

三、依规律围绕创新做"乘法"

对创造性的定义主要有个体倾向和社会文化倾向两种：前者强调创新对个人心理上的满足，即个体有新颖的体验；后者强调创新的价值性，即创新要对他人和社会有用。西关小学依循学生成长规律，立足个体倾向，围绕"问题"和"生活"，调查、筛选、整合学生的好奇点，推进了科学课程校本化实施，开启了创新素养的"养正"之旅；加强科学课程与课后服务的横向关联和纵向衔接，对课内课程和课后服务进行了自主灵活安排；基于家校合育，设计贴近生活、贴近儿童的"趣味科学小实验"，开展"我是小小实验家"创建活动。

四、求轻奢删繁就简做"除法"

如果把学生未来的人生价值看作"积"，那么在可以影响"积"大小的各个"因"当中，关键的一定是"内因"。可是在与课程或他者相遇的过程中，学生又特别容易忽视自我——这是他们通向美好的枷锁。缘于此，西关小学探索出"评价可无言，醉美在体验""内省修稳定，自信向未来"等课程实施原则，引导学生通过探索自己的心理世界和精神世界，积极塑造理想人格。

现如今，西关小学课后服务已完全实现了课程化，开设了书法、经典诵读、阅读、古筝、国画、象棋、舞蹈、科学实验、辩论、足球、剪纸、豆面灯碗、螳螂拳、木工、园艺、戏曲、刺绣、田园等活动类课程，实现了立德树人的深度推进。"学习强国"平台、大众网、齐鲁网、今日头条等融媒体也对学校的办学经验和特色进行了大量报道。

养正"yuan"特色课程群的建构

王阳明《传习录》有言："为学须有本原。须从本原上用力，渐渐盈科而进。"在王阳明先生"本原"思想的启发下，西关小学基于"原"，并结合汉语词源"音近义通"的特点，构建起了以国学经典为中心，以古今中外其他优秀文化为辐射，包括选修和必修课程两大类的"yuan"特色课程群体系架构。

一是志于道的"原"课程。"原"的古义是水源，引申为事物的根本或开端。中华文化的绵延与发扬，需要基于原典；于生命成长而言，人文积淀离不开原初记忆；从记忆理论角度讲，小学生的无意识记忆是优于意识记忆的。我们在积极吸纳小初高语文教材经典古诗文的基础上，广泛汲取《中华经典素读范本》《日有所诵》等丛书的精华，成功开发出一套贯穿小学各学段、各学期的校本教材《本原》。

二是立于写的"源"课程。文化传承只有立于"原"，"流"于心，才能源远流长。"源"是"原"的分化字，与"流"相对。因此，我们开发出《心源》和《汇源》两套校本教材。《心源》侧重于对接语文课文里蕴含的读写结合点，为指向写的阅读训练提供"抓手"。《汇源》则是围绕单元主题，结合精读篇目，从作者本人、作品内容、写作手法、文体知识、音像资料五个角度着手进行阅读拓展。这是对知行合一传统思维方式的有益探索，要求学生在"读而写""读而思"的过程中灵活运用《本原》的经典语句。

三是依于仁的"圆"课程。《论语·雍也》有言:"夫仁者,己欲立而立人,己欲达而达人。能近取譬,可谓仁之方也已。"也就是说,己立、己达如同"圆心",做人要从自我修养开始,向周围延展至他人和诸事。这是实行仁德的方法。受此启发,"圆"课程从"仁"出发,基于各类活动,引导学生先爱身边的人和物,扩而充之爱社会、爱国家、爱人类,通过展现爱的力量和生命的意义,做到真正"爱自己"。这是加强学校德育的关键课程。

四是游于艺的"园"课程。学生的成长,需要才艺或特长,需要成长的乐园。《说文解字》曰:"园,所以树果也。""园"课程是学生的才艺乐园。学生可以自由选择自己喜欢的才艺课,可以与教师共同商量增设课程内容、改进课程实施方式,可以邀请自己熟悉的社会名人到学校讲授"园艺"公益课……在"五育并举"中对学生开展系统性"养正"教育,是"园"课程的基本目标立意,旨在促进学生的全面发展,同时创造机会让有潜质的学生在课程生活中"各美其美,美美与共"。

五是成于行的"远"课程。如果说"原、源、圆、园"四大课程重在引导学生思考和体验"我是谁,我从哪里来"的话,那么"远"课程的核心立意就在于引导学生思考"我到哪里去"的问题。行是知之始。以良好行为习惯的培养和行万里路的研学为主,让"阅读"不再囿于文本,而是与社会生活和大自然产生意义联结,以全景式、全息式阅读力促"读而能行",帮助学生探寻生命意义,孕育远大理想。

"养正"教育课程的实施

莱阳市西关小学"yuan"特色课程群包括选修的"做·国学"和必修的"读·国学"校本课程,课程内容如下表所示:

莱阳市西关小学"yuan"特色课程群示意

年级及册次		读·国学			做·国学	
		国家课程校本化实施	专书	杂书	个性特长	品质养成
一年级	上册	道德与法治 综合实践 劳动教育 语文 科学 美术 音乐 体育 ……	《弟子规》《朱子家训》	诗经、唐诗、宋词、小古文选背共100首	豆面灯碗 五子棋 象棋 足球 写作 ……	主题班会 升旗仪式 艺术节 开学典礼 毕业典礼 ……
	下册		《三字经》《百家姓》			
二年级	上册		《千字文》			
	下册		《大学》			
三年级	上册		《老子》		书法 国画 木工 十字绣 螳螂拳 阅读 象棋 ……	
	下册		《老子》《孝经》			
四年级	上册		《论语》			
	下册		《论语》			
五年级	上册		《孟子》			
	下册		《孟子》			

一、体现国家意志的学科类"养正"课程实施

一是识字、写字教学。我们打破小学低年级语文识字、写字教学一直沿用的"加一加""减一减""换一换""抄一抄""默一默"等方法，基于汉字的字画同源性和音义构形的表意性特征，开创了"读画结合"的教学模式。在讲授新字过程中，教师带领学生把象形字所像之形画出来，既依循了低年级小学生认知发展处于前运算阶段，需要通过具体的形象来理解世界的基本规律，又呵护了学生的好奇心和想象力，还可以在潜移默化中培养他们对祖国语言文字的美好感情。

二是传统文化教学。我们创设了两种"读·国学"课堂教学模式：一种是歌诀乐读式。歌诀指有节奏地配合敲打或身体律动，同时辅以声音的高低快慢的唱诵，进而表达意义的一种读书方法。它以大声、快速诵读为主，可

依据文意即兴创作，给出节奏，一气呵成。另一种是吟诵美读式。"吟"是有节奏地吟唱，"诵"是用抑扬顿挫的腔调念，吟与诵都是有腔调地念，但吟更有"唱"的韵味，诵更有"念"的特征。

三是学科渗透教学。学科渗透教学主要有两个着力点：既重视学科"立德"，又重视学科"树人"，而且坚持"立德"为先，"立德"与"树人"并重。在学科"立德"方面，我们充分开发包括数学、科学在内的各学科德育课程资源，通过具身体验、"德融数理"等方式开展学科德育。在学科"树人"方面，我们坚持把课程标准中的价值理念、原则方法等贯穿于每一堂课，通过课前调研、课堂观察、教后说课等技术路径，引导教师创新教学方法，强化"核心素养"培育，促进常态课的迭代升级。

二、单独形态的活动类"养正"课程实施

按照"学情调研、按需选课、灵活走班"的基本流程，我们开设了象棋、古琴、二胡、国画、书法、螳螂拳、木工、豆面灯碗、剪纸等"做·国学"类课程。比较有代表性的有以下几种。

首先是螳螂拳课程。作为国家级非物质文化遗产之一的螳螂拳，是学校的重点体育类国学项目。我们每学期安排一周的时间，轮流组织学生学习。低年级学生重在学会简单的动作，中年级要求学生动作具有连贯性，高年级则要求学生能初步打得神似。

其次是艺术大荟萃课程。每年"六一"国际儿童节所在的周，是学校为儿童打造的艺术周。学校将音体美劳等国家课程与课后服务有效衔接，从周一至周五，分设了歌舞乐器、书法绘画、莱阳非物质文化遗产、手工创意、文明礼仪五大展演板块，展演方式包括现场表演、项目推介、亲子或师生工作坊等，真正让学生体验到了"我的舞台，我做主；我的最爱，我分享"。

最后是探秘小恐龙课程。为了维护好基础教育的基础性，我们根据学生

对小恐龙情有独钟的实际情况，充分发掘莱阳特有的白垩纪国家地质公园课程资源，通过亲临现场"看一看"、认认真真"听一听"、发挥想象"画一画"、动起手来"捏一捏"、匠心独运"做一做"、查阅资料"研一研"等方式，分学段引导学生探秘小恐龙。

三、基于项目学习的融合类"养正"课程实施

我们根据学习主题，创设真实情境，以驱动性问题引导学生参与项目研究，体验学习的成就感和幸福感。

一是童心向党思政课程。我们围绕"中国共产党为什么能"这一项目主题，开展了一系列融合类"养正"课程：在生活教育理论和融合课程理论的启发下，借助老党员乔惠民捐资助学的感人故事，开展"听乔奶奶讲故事""给乔奶奶写封信""为乔奶奶画张画""学乔奶奶献爱心"等系列活动；开展走进"胶东第一县委革命历史文化展览馆"和万第镇水口村"中共莱阳县委成立旧址"的活动，让红色基地留下童年足迹；开展"红色文物进校园""红色作品进课堂""红色读物进教室"等活动，打好学生生命成长的底色；开展"家族革命故事我来讲""长辈革命文物我来展""世代革命精神我来传"等系列活动，让红色教育与家庭教育紧密结合起来。

二是劳动教育课程。我们坚持"劳增美德、劳益心智、劳健体魄、劳树审美"的劳动教育价值观，与学生一起开展"进田园、种五谷、勤四体、学节俭"的劳动锻炼；结合劳动体验，带领学生以审美的眼光走近陶渊明，以悯农的情怀走近李绅，以忧国忧民的思想走近杜甫；根据诵读的古诗文，带领学生深入田野，开展"古代诗歌里的动植物"探究活动；根据认识到的植物，与学生一起走近画面感很强的甲骨文，或者与他们一起认识中草药；带领学生亲历采桑、养蚕，给他们勾勒"蚕"与"桑"背后的古人劳动画面，与他们一起体验蚕桑文化；参观古代农具，为他们讲解"碾轧""海水不可

斗量""老驴拉磨——走不远"等词语或歇后语的意象性。

三是综合实践活动课程。我们利用创意彩泥工作坊，还原莱阳战役场景，"讲述"小英雄雨来的故事，制作迎新年主题彩泥手工，再现恐龙白垩纪时代场景。综合运用弹奏、歌唱、吟诵、表演、展览等各种形式，在文艺社团开展"经典咏流传""汉字里的故事""神话中国""照片里的莱阳"等活动。借助创客工作坊，开展"我有生活小妙招""科学实验我来做""我的发现大家享""小小奥秘一起探""创意作文我来写""科幻作品互推介"等活动。通过螳螂拳兴趣小组，介绍《周易》的阴阳说，引导学生感悟阴阳、刚柔、进退、虚实等相反相成、相互转化的传统思想。结合语文识字写字、修辞格、诗歌鉴赏教学，引导学生体验古人观物取象的思维方式，进而鼓励学生将其扩展到对国画、书法、京剧等传统文化的品鉴中来。

总的来说，西关小学"养正"课程的实施，严格落实了党和国家的"双减"政策，有力推进了课堂教学的提质增效和课后服务的课程化建设，使西关小学整个校园焕发出"满园春色关不住"般的活力。学生眼里有了好奇和光亮，脸上有了惊喜和欢笑，身上有了静的含蓄和动的力量，心里有了满满的爱。

"养正"课程的评价设计

"养正"课程在评价设计上实现了评价范式转型。在评价理念上，从"以教为中心的评价"转向"以学为中心的评价"；在评价标准上，从基于教师个体经验的评价转向基于核心素养和课程标准的评价；在评价功能上，从横向比判的结果性评价转向纵向激励的发展性评价；在评价主体上，从教师单维定性评价转向教师、学生、家长多元交互评价；在评价内容上，从注重知识认知评价转向注重过程体验评价；在学生自我评价上，从"我思故我在"的评价转向"我体验故我在""我创造故我在""我合作故我在"有机统一的评价。

一、课程实施评价

遵循"学科与活动""过程与结果""质性与量化""长期与短期""学生与教师""描述与激励"六统一的原则组织课程实施评价，努力做到"仰望星空"与"脚踏实地"并重。

二、情感体验评价

基于身体理论，重视身体对周遭世界的"理解"与"领会"，将国学学习空间由课堂拓展到学校、社区、社会和自然，引导学生通过真切体验，培育积极情感，开展情感体验评价。例如，春游时，先组织学生体验大自然的美好，然后通过"飞花令""见景忆诗""因情赋诗"等方式引导他们吟诵古诗文，最后再开展评价活动（见下示二表）。

莱阳市西关小学校本课程学生评价表

班级：_____ 年级 ____ 班   姓名：_____

评价项目	评价要点	自评	互评	家长评	师评
态度	认真参加每一次课程				
	努力完成自己承担的任务				
	主动提出自己的设想				
	乐于合作，主动交流，尊重他人				
体验	能对自己的学习进行"反思"				
	关心社会、热爱自然、有责任心				
	不怕吃苦、勇于克服困难				
	获得感、成长感、自信感增强				
方法	能多渠道获取信息				
	采用两种以上研究方法				
	能综合运用所学知识解决问题				

评价项目	评价要点	自评	互评	家长评	师评
能力	有求知的好奇心、探索的欲望				
	能主动发现、提出、解决问题				
	能对自己进行客观评价				
效果	在活动中有收获				
	参与活动的总体评价				
总评					

注：评价分为 A、B、C、D 四个"自我超越"的评价等级。

莱阳市西关小学校本课程学生描述性、终结性评价表

班级：_____年级___班   姓名：_____

评价内容	描述性评价
你是否参加过活动主题的选择？ 你是否对参与的主题活动感兴趣？	
你在活动中遇到的最大问题是什么？ 你是如何想办法解决的？	
你在活动中的获得感如何？ 你对活动成果有哪些贡献？	
你与其他小组成员合作得是否愉快？ 你觉得怎样合作更好呢？	
活动中，你最大的感受是什么？	

终结性评价	A 主动参与，兴趣浓厚，主动合作，方法灵活，收获巨大。	
	B 积极参与，兴趣较高，乐于合作，方法得当，收获较大。	
	C 能够参与活动全程，敢于合作，有一定收获。	
	D 需要在教师帮助、指导下参与活动，完成任务。	

三、个人专属评价

为每个学生建立"档案袋"，里面装有"星级评价卡"，通过纵向评价，即"当下的我"与"过去的我"之间进行对比，提升学生的成长感、存在感

和价值感。以《论语》诵读发展表为例，1星、2星重点评价学生是否读准、读对、读熟；3星、4星、5星重点评价学生个人的拓展水平（见下表）。

莱阳市西关小学星级评价卡

《论语》诵读发展表　　　　姓名＿＿＿＿＿　　　　学号＿＿＿＿＿

课时	听录音2遍，能正确朗读★	能有感情地熟练朗读★★	能背诵★★★	能用其中句子写话★★★★	能连背2课★★★★★
1课					
2课					

聆听"养正"课程的花开有声

自2018年2月以来，莱阳市西关小学一直以"实践是检验成果的唯一标准"为行动原则，深入推进"养正"课程在学校的实践应用，取得了很好的实施成效。

一、学生发展

学生兴趣日趋广泛，求知欲、记忆力和课堂活力不断增强；能初步运用传统哲学思维方式，例如以执两用中的实践思维方式解决生活中的问题；经典所蕴含的正能量涵育了学生理想人格；背经典成为管理班级的良策。学校60多名学生被评为"国学小名士"；8名同学获得山东省少儿书法大赛奖项；有的同学去滕王阁和曲阜三孔旅游，因现场背诵了经典而获得免费门票。

二、教师发展

教师的人文知识得到不断积淀，人文情怀得到切实涵养。在各级课堂教学比赛中，学校一共有22节课被评选为优质课，其中国家级优质课2节。1人被评为地级名校长，1人被评为地级教学能手，1人被录取为全国第一批国学教育明师班学员。

三、学校发展

2016年以来，学校被评为全国校园足球特色学校、烟台市家校协同育人示范学校、烟台市劳动教育工作先进单位、烟台市书香校园、莱阳市先进基层党组织、莱阳市教育教学工作先进单位。

四、智慧贡献

经典"海读"经验在全市范围内推广，学校在烟台市现场会上做了题为《相约"海读" 守护经典》的经验交流。2020年6月，在烟台市举办的全学段拓展整合阅读工程会上做过题为《以读润心，以行铸魂——基于核心素养的"原课程"建设》典型经验交流。央视时讯、新区导报等融媒体对学校"大阅读"工程进行了实时报道。骨干教师受邀在千聊直播间面向全国定期讲授国学公益课，被邀到北京参加国学教育高峰论坛，参加过凤凰卫视国学交流会。先后有《为儿童亲近中华经典"搭桥"》《基于汉字形义解析的中华优秀文化传统育人价值研究》《谈谈〈诗经〉里的那只蟋蟀》等8篇文章在《语文知识（小学版）》《教育艺术》《语言文字报》等报刊上发表。

第四章　提升创新素养　涵泳创造能力

创新素养、创造力与创新人格

2016 年 9 月 13 日，《中国学生发展核心素养》总体框架正式发布，创新素养的提法频次大幅攀升。该框架将实践创新素养界定为学生在日常活动、问题解决、适应挑战等方面所形成的实践能力、创新意识和行为表现。而创造力是产生新颖而有价值的想法的能力，在行为上表现为创新性实践活动，在成果上表现为创新性观点、方案或产品。

创新人格的概念则是由美国心理学会主席吉尔福特首先提出。他认为创新人格是高创造性个体在创造性行为中表现出的品质类型。我国的陈华、肖晗（2011）认为，创新人格是具有创新活动倾向的各种心理品质的总和，是创新的内在依据。创新能力的形成，是以创新人格的培育为基础；培养创新能力，要以创新人格的养成为重要目标。林崇德（2018）认为，创新人格是创造力的非智力因素，是人格（个性特征）在创造性活动中的表现。甘秋玲等人（2020）将创新人格界定为与创造性相关的非智力因素，指个体具有好奇心、开放心态、勇于挑战和冒险、独立自信等特质。

而我们则将创新人格界定为：创新人格是个体在生活历程中对人、对事、对己及对整个环境适应时所表现出来的具有创新性的个体内部倾向，而此内部倾向系由个体在其遗传、环境、成熟、学习等因素交互作用下形成的，具体表现为能力、情绪、需要、动机、兴趣、态度、价值观、气质、性格、行为等方面的整合和特有模式。由多种特质表现出来的创新人格，在心理与行为表现上，具有相当的统整性与持久性，是具有动力一致性和连续性的自我。

其实，创新素养、创造力和创新人格三个概念，都是对"人"与"创新"本质关系的界说，都强调"儿童中心"，具有极大的相通性和交叉性。但是，创新素养强调"养"，即后天的习得；创造力强调"能力"，是创新素养中除去创新品格后的剩余部分；创新人格是从人格的视角看待创新。

小学生创新思维培育的课堂教学

莱阳市西关小学基于语文、数学课堂教学实践，开发"走进创新之门"校本课程，大力弘扬"为思维而教"的课堂建设理念，依循小学生认知发展规律，开展了极具特色的创新思维培育研究。

一、语文教学方面

小学低年级（1—2年级）：基于字理的创意识字教学研究。我们打破传统的"加一加""减一减""换一换"的识字方法，引导学生基于字理，主动探究汉字的奥秘，培养发散思维。

小学中高年级（3—5年级）：基于意象思维的群文阅读和创意写作研究。我们通过汉字、词语、修辞格、表现手法、诗歌品鉴等方面开展意象思维训练，在呵护学生联想力和想象力的基础上，发展学生的抽象思维能力。

二、数学教学方面

我们围绕创新思维的两大主要表现——发散思维和辐合思维，开展数学课堂教学提质增效研究。通过优化教学目标、重构教学内容、变革教学方式、改进教学评价等方式，促进学生创新思维的高品质发展。

三、"走进创新之门"校本课程的建构与实施

我们以点燃学生好奇之火为核心价值追求，把创新作为课程建设的灵魂，把课程建设与实施作为小学生创新人格培育的基本实现方式，同时要处理好科学课程校本化实施、课后服务供给和家校合育之间的关系。

首先，我们从创新的重要性、生活来源、好奇心、问题意识、联想想象、创新方法、创新思维、创新实践、创新成果、知识产权保护等方面开发并实施"走进创新之门"校本课程，引导学生从创新的高度认识科学课程。

其次，围绕"问题"和"生活"，我们调查、筛选、整合学生的好奇点，推进科学课程的校本化实施，从课程活动化的视角开展"做中学"的实践研究，引导学生"走进创新之门"。

再次，我们加强科学课程和课后服务的横向关联和纵向衔接，开展课内课程和课后服务的自主灵活安排，基于家校合育，设计了贴近生活、贴近儿童的"趣味科学小实验"，开展了"我是小小实验家"创建活动，以此培育学生的创新思维。

创新素养培育的创新解读

"创新素养"是一个在内涵上众说纷纭的概念。我们以"创新人格""创新思维""创新实践"为关键词进行了文献检索，发现比较有借鉴意义的主要有以下几种。

一、有关创新人格方面的研究

吉尔福特总结出创新人格有八个方面的表现：有高度的自觉性和独立性，不肯雷同；有旺盛的求知欲；有强烈的好奇心；知识面广，善于观察；工作中讲究理性、准备性和严格性；有丰富的想象力、敏锐的知觉，喜欢抽象思维，对智力活动和游戏有广泛的兴趣；富有幽默感；意志品质出众。甘秋玲等人（2020）则用七个关键词概括出创造性人才的主要人格特征，分别是：好奇、开放、冒险、挑战、独立、自信和内驱。

二、有关创新思维方面的研究

根据皮亚杰的认知发生理论，陈静静（2017）指出，小学低中年级的6、7岁儿童思维的主要形式是具体形象思维。8岁及以上的儿童抽象思维开始萌芽，开始获得逆向思维。在小学低中年级阶段要尽可能尊重儿童直觉思维的特点。在小学高段至初中阶段，学生的思维开始分化，一部分儿童仍处于具体运算阶段，而另一部分的抽象逻辑思维能力快速发展。这一阶段应该尊重儿童思维的个性特点。

三、有关创新实践方面的研究

甘秋玲等人（2020）将创新实践总结为三个环节：澄清目标或表征问题；搜集信息或资源；实施操作（创意产生或问题解决）。黄四林等人（2021）把创新实践列为中国学生发展核心素养之一，认为问题解决是创新素养的根本指向，劳动意识是创新素养的基石，技术运用是创新素养的重要工具与途径。这就是说，创新实践体现的是以问题解决为导向的"做"的哲学。

四、有关创造性层次划分和评价创造性的价值取向方面的研究

美国当代心理学家考夫曼和贝格托将创造性的表现分为四个不同层次：最高层次的是大 C，它反映卓越的创造才能。第二层次是职业 C，指的是职业人士所具有的创造性。第三层次是小 C，它代表了普通人每天都可以创造性地开展生活。第四层次是微 C，它强调学习过程中对新事物的独特且个人化的见解与解释。该理论揭示出一个问题，即对创造性的评价存在个体主义与社会文化两种取向：前者强调创新于个体而言的新颖性，后者强调创新的价值性，即创新成果对他人和社会要有用。

石中英（2007）认为，目前我国的教育哲学逐渐从"以教育知识为核心"转变为"以教育实践或教育生活为核心"，转变为一种"实践哲学"或"生活哲学"。基于这样的观点，我们认为，儿童创新素养的培育需要坚持"做中创"，即把"生活"中的真实情景，嵌入需要学生解决的"问题"中。

基于以上分析，我们认为，"儿童创新素养的培育"和"跨学科主题课程的建构与实施"之间具有很强的内生逻辑和融创性。同时，构建一套指向儿童创新素养培育的跨学科主题课程也具有重要的理论意义和实践意义。

在理论意义层面，不仅可以为儿童创新素养的培育提炼出一套基于跨学科主题课程建设的全新的思想方法体系，也可以从根本上撬动学校课程结构优化和教学组织完善，为教师课程观的重塑搭建平台，还能够把学校的"养正"教育品牌与儿童创新素养培育有机结合起来，为打造学校"正·新"教育品牌架构科学的理论模型。

在实践意义层面，不仅可以对儿童的创新素养进行系统培育，塑建好学生好奇、热爱、求新等创新人格品质，也可以切实维护好基础教育的基础

性，推动学校办学的提质增效和高质量发展，还可以为"双减"政策下，学校课后服务的供给侧改革开辟出一条新路径。

指向创新素养培育的跨学科主题课程

结合学校实际情况，我们通过如下形式设计了"指向儿童创新素养培育的跨学科主题课程"。

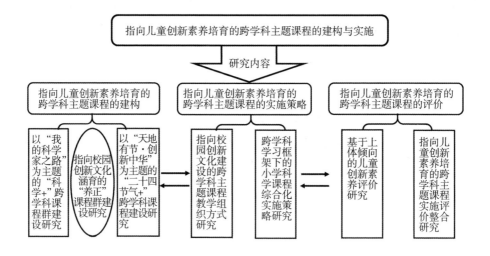

一、指向儿童创新素养培育的跨学科主题课程建构

（一）指向校园创新文化涵育的"养正"课程群建设

创新素养培育的关键在于教育生态的重建。民主与多元、尊重与信任、挑战与任务、兴趣与爱好、自由与平等是学生创新素养发展的沃土。基于这一点，我们依据《传习录》所言的"做学问要从'本原'上用功"的思想观点，在五育融合的理念框架下，围绕校园创新文化的涵育，把学校原有的"养正"课程群进行了优化组合。

志于道的"原"课程着重整合语文、传统文化、《百家姓》和家谱文化，引导学生在课程生活中思考"我是谁，我从哪里来"的问题。立于写的"源"课程着重开发《心源》《汇源》两套校本教材，引导学生通过读与写促进个体精神的发育。依于仁的"圆"课程立足于"仁"，引导学生从爱人、爱物出发，扩而充之爱社会、爱国家、爱人类，从而实现"爱自己"。游于艺的"园"课程重在满足学生特长发展的需要，让学生创新素养的培育立于"德"、强于"智"、基于"体"、涵于"美"、生于"劳"。成于行的"远"课程以行万里路的研学为主，让学生的个体生命与丰富多彩的社会生活和广袤的大自然产生意义联结，引导学生在课程生活中思考"我到哪里去"，在创新中探寻生命的意义。养"创新人格"之正，创"养正教育"之新，是本课程群的根本价值立意。

（二）以"我的科学家之路"为主题的"科学＋"跨学科课程群建设

我校把学生作为融合形态的活动课程建设主体，依循学生的"生活逻辑序"和"心理发展序"，开展"我喜欢的科学家""我的科学梦想"开讲活动，激发学生热爱科学的情感，学习科学家的坚韧品质；融合数学、劳动技术、信息技术等课程，组织"我的科学观察记录""我的科学调查""我的科学实验""我的科学挑战""我的科学发明""我的天马行空""我向权威说'不'"等系列活动，培养学生善于观察、独立探究、敢于冒险、理性思辨、不迷信权威等创新素养；探索"我的科学资料卡""我的科学小论文"等学习方式，引导学生积累科学知识，培养分析、思辨、理性的科学探究习惯。

（三）以"天地有节·创新中华"为主题的"二十四节气＋"跨学科课程建设

我校依循中国传统的"天人合一""道法自然"思想，从"节气与古诗"（语文、音乐）、"田野里的智慧"（劳动、综合实践活动）、"节气与科学"（科学、数学、信息技术）、"四季养生攻略"（劳动、综合实践活动、体育）、

"传承有我"（艺术、劳动、体育）、"四季与中医"（劳动、综合实践、生物）等维度架构"二十四节气＋"跨学科课程，理顺个体经验与跨学科知识之间的关系，把独立探究和协同创新嵌入真实情景中，设计整合性学习任务，探索多元开放的技术路径，推进跨学科融创，为学生"做中创"搭建了课程平台。

二、指向儿童创新素养培育的跨学科主题课程实施策略

（一）指向校园创新文化建设的跨学科主题课程教学组织方式

我校按照"依趣选课、灵活走班"的原则深入推进"三打破"——打破上课的时间限制，推进课时的弹性化设置；打破教室的物理空间限制，推进课堂的生活化布置；打破物理空间和虚拟空间的界限限制，构建新的教学空间观。按照"教育逻辑与时序"和"服务逻辑与时序"相衔接的原则，推进学校常规课程、跨学科主题课程和课后服务课程的有效衔接，灵活设置课型，探索指向儿童创新素养培育的最优教学组织方式，探索"学为中心"的多样态课堂教学范式，推进学生的个性化学习。

（二）跨学科学习框架下的小学科学课程综合化实施策略

我校以科学课程的综合化实施为基本依托，通过相关课程的跨界与融合，构建课程实施策略体系：围绕"问题"和"生活"，调查、筛选、整合学生的好奇点，科学设置跨学科课程主题，以贴近学生的方式推进科学课程的综合化实施；以"发现问题—提出假设—收集信息—实施操作—形成结论"为基本流程，培育学生的创新意识和创新能力；基于融合课程理念，围绕儿童创新素养培育的目标追求，在"点燃学生的好奇之火、激发学生的丰富想象力、培养学生的问题意识、开发学生的创新思维、提高学生的动手操作能力、播种学生梦想的种子"六个方面，开展学校原有的"养正"课程与跨学科主题课程之间的整合实践研究，架构小学科学课程综合化实施的策略体系。

三、指向儿童创新素养培育的跨学科主题课程评价

(一) 基于个体倾向的儿童创新素养评价

我校破除社会文化取向的评价理念，树立个体倾向的评价观，把评价的价值核心放在对个体而言的新颖性上。具体开展两个方面的研究：一是以新颖性为核心的小学生创新素养评价标准研究。将小学生创新素养培育现有理论研究中的价值观念转化成价值标准，然后再经过实践的检验，形成系统的评价标准，并以评价量表的形式呈现研究成果。二是开展以愉悦共享为原则的小学生创新人格评价反馈研究。及时捕捉学生在创新过程中体验到的积极心理情感，从学业、活动和特长三个方面对学生创新人格的实际表现进行全面反馈，科学设计跨学科创新课程学习评价量表。

(二) 指向儿童创新素养培育的跨学科主题课程实施评价整合

整合过程性评价，把学生成长过程中的每个细节、每个节点连接起来，以年级与年级、学段与学段、教师与教师相衔接的方式，不断延长、增粗个体成长增值线，激励每一位学生创出精彩；整合结果性评价，从"培养全面发展的人"出发，把由五育融合原则转化而来的评价标准聚焦到学生的创新活动中，从"兴趣的广泛度、研究的专注度、合作的活跃度、情感的投入度、思维的灵活度、观点的新颖度"等方面考察课堂教学的创新文化氛围，提炼跨学科主题课程实施评价的整合原则和高阶评价量表。

以学生终身成长为导向的"绿色"评价体系

进入新时代，我国义务教育已经迈入全面提高质量的新阶段，迫切需要完善义务教育质量评价体系，引导全社会树立科学教育质量观，全面贯彻党

的教育方针，落实立德树人根本任务，为培养德智体美劳全面发展的社会主义建设者和接班人提供有力支撑。

2013 年 6 月，教育部出台《关于推进中小学教育质量综合评价改革的意见》（以下简称《意见》），要求通过品德发展水平、学业发展水平、身心发展水平、兴趣特长养成、学业负担状况等 5 个方面 20 个关键性指标，建立一套全新的"绿色"评价体系。《意见》的出台，意味着我国中小学教育进入"绿色 GDP"时代。

为此，我们必须要摒弃传统单一的"知识本位"评价方式，建立全面综合的"能力本位"的评价新理念，变"揭短"为"扬长"，让每一个学生都能自信而有尊严地成长。

一、真正的评价是价值引领

学校管理是一个复杂、系统的育人工程，很多工作和学生的发展都是学生表面的分数难以衡量的，即使有一定的分数差别，我们也无法从分数上判断一个学生综合素质的优劣。

学校对学生的考核评价，主要是诊断功能、导向功能和激励功能。评价"唯分数论"实际上只是强调了评价的诊断功能，通过这种评价来诊断学生学业质量的好坏和教师教学水平的高低，而忽略了考核评价的导向功能和激励功能。其实，导向功能、激励功能才应该是学校考核评价的主旨。从某种程度上来说，评价的意义不是甄别，而是价值引领。

对学生的考核评价应以"学生终身成长"为导向，通过考核评价引导学生更好地发展。我国新课改提出了这样的教学理念：为了每位学生的发展；提倡新的学习方法——自主、合作、探究式学习。因此，与之相适应的评价体系必然要变化。《基础教育课程改革纲要（试行）》特别指出："评价不仅要关注学生的学业成绩，而且要发现和发展学生多方面的潜能，了解学生发展中的需求，帮助学生认识自我，建立自信。发挥评价的教育功能，促进学生在原有水平上的发展。"一切为了学生发展"才是教育评价的根本，无论是课程评价、学校评价，还是教育发展评价，最终都要回归"育人为本"这个最根本的主题上。

二、构建多元化的评价方式

对学生进行考核评价是学校教学工作必不可少的组成部分，没有好的评价就没有好的教学。苏联教育家赞科夫说过："当教师把每一个学生都理解为他是一个具有个性特点的，具有自己的志向、自己的智慧和性格结构的人的时候，这样的理解才能有助于教师去热爱学生和尊重学生。"因为智力方面及学习基础的差异，学生对相同的学习内容也有着很大的认知差异，如果我们只是用一把尺子去评价学生，那肯定是有所偏颇的。为此，我们就必须转变以往"唯分数论"的评价方式，构建多元化的评价体系。

(一) 评价标准的多元化

评价标准的多元化，宏观上，是根据学校的办学理念、培养目标等的不同而有所差异；微观上，可以针对每个学生喜好课程的不同内容，确立不同的发展目标和相应的评价标准。

我们应力求将评价目标定位于"促进学生全面而健康地发展，满足学生需求"。在课程设计、研发、实施的过程中，通过评价机制调控课程设置。从调查问卷的设计，到实施评价的过程，再到收集数据的整理、科学分析，无论是课程研发、实施的教师，还是体验、经历课程的学生，乃至感受效果的家长都可以参与评价。

(二) 评价内容的多元化

评价内容的多元化，是依据课程的有效性及其教育价值，做出价值判断的证据的收集与提供的过程。我们可以通过学生自我评价、学生互评、班主任的操行评定、家长评议等多渠道评价，客观真实地反映学生的综合素质。

我们强调评价内容的多元化，并非是对传统的量化评价（分数评价）的全盘否定和简单遗弃，我们的目的是实现量化评价和多样性评价的整合，恰当地综合运用两种评价方法，有效地发挥二者各自的优势和长处。

（三）评价主体的多元化

评价主体的多元化，要求我们从单向转为多向，增强评价主体间的互动，由教师、家长、学生共同参与评价，强调学生自身成为评价主体中的一员，以多渠道的反馈信息促进被评价学生的发展。

首先，学校要让家长有评价的权利和机会。家长的评价是从生活角度观察学生课堂学习的延伸，主要包括孩子的学习兴趣、情感体验、学习收获等。其次，可以把评价权还给学生，让学生亲身参加评价，评自己，也评他人。学生间的互评，既可以取长补短，又培养了学生分析、欣赏、审美等能力。如果说学生互评是客观的，自我评价则更能促进学生自我认识、自我反思，从而不断进步和提升。最后，由教师来总结概括，完成评价。这样的评价全面客观，能达到"以评价促发展"的目的。改变传统评价无视被评价者的感受的做法，通过相互沟通协商，增进评价者和被评价者的了解和理解，形成积极、友好、平等和民主的评价体系。

"多一把衡量的尺子，就会多出一批好学生。"教育的复杂性、课程的多样性、学生发展的丰富性存在很多无法量化的主观现象，诸如人的需要，个体的经验、态度、情感、观念等。应该说，课程评价的最终目的是促进被评价者在原有的基础上更好地发展。因此，这种"立足过程，促进发展"的多元化课程评价，不仅仅是评价体系的变革，更重要的是评价理念、评价方法与手段以及评价实施过程的转变。实践证明，多元评价改革，为学生的素质发展提供了广阔的舞台，为教师的教育行为提供了方向，也促进了学生更加全面和谐地发展。

创新驱动发展，技术领航教坛

随着电子信息社会的飞速发展，掌握和运用信息技术已成为时代赋予我们的责任和使命。2021 年伊始，莱阳市西关小学有幸成为烟台市信息技术应用能力提升工程 2.0（以下简称信息技术 2.0）的实验学校，这是提升全校师生素养的有效契机。作为一个发展中的学校，这无疑给学校的教育教学工作带来新的机遇与挑战。为了改善教学环境，全面推进信息化教育教学进程，学校在综合各方面因素的前提下确立了全员参与、创新发展理念，充分依托年轻教师所占比重大，对信息技术掌握熟练的资源优势，深化校本研修和课程培训，多层次、多角度全面开拓信息教育新领域，为创建信息化学校迈出了坚实的步伐。

为了达成教育部提出的"三全两高一大"发展目标，我们以校本研修为引领，将信息技术与教育教学工作融合发展，确立了"二三四"实施模式。其中，"二"是两点支撑，"三"是三大创新，"四"是四个融合。

两点支撑：

一是制度支撑——前提保障。学校成立了以校长为组长的信息技术领导小组，以教研组为单位建立健全工作责任制，构建横向到边、纵向到人的责任体系，明确责任分工，推举业务水平高的成员负责技术指导，制订信息技术 2.0 工作计划、实施方案和评价考核标准，定期组织教师进行学习，提高思想认识。

各教研组认真落实各项制度，加强管理，指导和督促成员及时保质保量完成各微能力点的作业，并根据作业完成情况确立评价等级。当体验转化为内需，内驱力就会促使教师积极选择适合自己的微能力点，拟订个人信息技术发展规划。

二是培训支撑——理论基础。

培训一：学校层面业务学习。我们以专题讲座的形式将"整校推进，全员参与"的理念传达给每个教师，学习各项规章制度和评价考核标准，让教师对自身信息技术实践应用做好远景规划。

培训二：教师层面重点培养。学校以"走出去，请进来"的方式为大家提供展示教学才能、切磋教学技艺的舞台。2021 年 7 月 22 日－23 日，学校信息技术 2.0 的种子教师张颖芳和刘晓瑜参加了暑期培训并做了教学案例说课，区域间的横向交流让大家对互联网环境下课堂教学模式的改革有了全新的认识，新学期伊始以点带面式的课堂教学实践在学校全面铺开。邹文华、徐秀真、王玉萌三位老师的新技术课堂中各个微能力点的展示分享为信息技术 2.0 与课堂教学的融合提供了思路和途径。

培训三：互联网＋专家。2021 年 9 月 16 日，烟台市中小学教师信息技术 2.0 专家团队入校指导。作为校长，笔者做了推进计划的工作汇报。诊断式的专家点评和指导让所有参训教师找到自身不足，明确努力方向，为学校信息技术 2.0 的深入推进提供范例和依据。

三大创新：

一是教研创新。

集体备课：基于信息技术 2.0 环境，对于同一单元内容，以年级教研组为单位开展集体备课，教师无须面对面教研，年级组根据实际情况进行分工，利用网络办公软件同时编写教案，实现了电子备课集体化。同时，在个人备课的基础上协同备课，仁者见仁，智者见智，从多角度、多方面对教学中可能出现的问题进行预设，精准把握重难点，有效地实现资源共享，看似增量实则减负，真正实现了省时高效。

听课、评课、磨课：为了促进信息技术与课堂教学深度融合，各学科教研组结合课堂教学技能大比武展开了"听—评—磨"一站式活动。采用新的评价机制，每节课例最重要的评价点为是否采用信息化多媒体技术辅助教学，30％的占比足以引起教师的重视。听评课内容以表格形式呈现，对比之下，更能激发教师创新运用信息技术的潜能。对于听评课活动中信息技术手段运用存在短板的课例，教研组要进行磨课指导，对症下药，然后再进行二次听评课，直至达到信息技术与课堂教学的完美融合。

二是考核创新。

学校成立以各教研组为中心的考核小组，制定考核制度，严格考核办法。坚持线上和线下相结合、年轻教师和老教师优势互补的原则，根据课堂教学的四个融合，教师结合自己的教学实际确定微能力点进行线上学习和线下实践。考核采用线上、线下各占50％的综合考核办法。组内互帮互学，年轻教师的信息技术能力和老教师的教学经验有机融合。考核与整改同步进行，发现问题及时改进。考核、整改，再考核、再整改，力争信息技术2.0一个不能少，全员通过，提交优秀的研修成果。

三是课堂创新。

改变传统的教学方式，创新课堂教学，形成新的教学方法和模式。我们充分发挥课堂主阵地的作用，确立了以信息技术2.0为核心的融合发展思路，努力做到四个融合，充分发挥信息技术对课堂教学各环节的推动作用，使之相互促进，协同发展，融合共赢。

四个融合：

融合一：课堂导入＋信息技术2.0。

为引起学生学习兴趣，激发学习动机，我们选取了"A5技术支持的课堂导入"这一微能力点来创新课堂。开课就给学生积极的引导，选取的媒体资源运用务必符合学科特点和学生的认知规律，例如谜语激趣、故事导入等，激发学生的学习欲望。

融合二：课堂讲授＋信息技术 2.0。

课堂讲授环节运用信息化教学手段辅助教学已成为常态，要达到技术运用的有效性就显得尤为重要。教师要借助合适的技术手段设计优化课堂讲解、示范、指导、设疑等课堂活动，充分引发不同学生感知、记忆、想象、创造等思维活动。这一融合的重点是以生为本。

融合三：方法指导＋信息技术 2.0。

课堂上，教师利用信息技术的多媒体化、情境化、数字化等特征进行准确示范、及时反馈、丰富练习情景，进而帮助学生有效理解和掌握具体的学习方法，例如推理方法、阅读方法、答题技巧等，培养学生融会贯通的能力，使他们真正成为学习的主体。

融合四：课堂评价＋信息技术 2.0。

我们将自评或互评活动有效应用到课堂教学中，创造性地运用翻转课堂教学模式，充分带动学生自主学习，让课堂变成师生之间、生生之间互动的场所，实现师生间的有效互动——答疑解惑、合作交流、探究分析、评价肯定，达到优化教学效果的目的，发展学生的评价能力。

信息技术融入课堂，给课堂教学注入新的活力，大大丰富了课堂教学素材，增强了趣味性，为课堂教学打开了一扇智慧之窗。单调、枯燥的知识变得鲜活生动。学生主动参与进来，成为学习的主人，实现了真正意义上的"生本课堂"。一些教师难教、学生疑惑的知识点就会变得形象、直观，既培养了学生形象思维能力，又培养了创新能力，达到优化课堂时间设计的目的，加大教学密度，实现高效课堂。

机遇带来希望，发展赢在创新，在信息技术的大舞台上，处在教育教学领域的每个学生、每个教师、每所学校都是主角。我们将借此东风，持之以恒地将信息技术与学校课堂教学深度融合，在教育这片辽阔的海洋扬帆远航。

第五章　注重学法指导　打造高效课堂

以学定教是教师应有的课堂教学智慧

随着课程改革的实施和深入，课改的精神进一步得以彰显。新课改要求将学生培养成具有高素质的现代公民，不是将学生培养成学习的工具，而是将学生培养成为对社会有用的人。

想要培养现代公民，我们的课堂教学也要回归。课堂教学应该远离功利性，远离一切为了考试服务、一切评价都是唯分数论的倾向。为此，我们要求教师研究教学对象、研究自己，做到有的放矢、知己知彼；要求教师研究教材教法，精心备课，集体研究，备好学案，指导学生自主有效地学习，实现教与学和谐统一。学校广泛开展了"聚焦课堂""同课异构"等活动，落实集体备课制度化，还积极倡导学案教学法。教师根据本学科的课程目标，结合学生学习实际，对本学科的知识与能力进行整合、梳理，根据学习进度，将学科知识与能力要求以学案的形式呈现出来，要求学生根据学案设置的学习目标、学习内容和学法指导，先自己学，后教师教。

在教学中，教师要努力构建轻松、活泼、民主、宽容、上进的活力课堂。同时与课程相结合，做到三个研究，即研究教材、研究学生、研究自己，想办法把教学中的重难点变成学生学习的兴趣点，鼓励学生自主学习、合作学习、探究学习。我们还广泛推广"分层教学和分层作业"试验，为不同程度的学生实现最佳发展设置阶梯，增强学生自信，让学生在学习中学会体验、学会创造、学会探究、学会发展，让学生在体验成功中快乐学习、快乐成长。

此外，我们提倡要把课堂变成"学堂"，将课堂还给学生，充分尊重学生的主体性。课堂变为"学堂"就是要学生学习如何"学习"、如何"有效学习"，这就要求教师不要被现有教材限制，要从学生实际出发，以学定教，将课本、教材转化成能够让学生学习的材料。就教育教学而言，教师自己懂是远远不够的，教师的任务是要想办法让学生懂。我们要求教师是编辑，是导演。在设计教案的时候，教师是编辑，要基于学生的实际，重新设计文本、教材。多思考我这样讲学生能不能懂？我这样问能不能启发学生思考和表达？我采用这种教学方式学生喜不喜欢？教师的教学设计既要紧扣教学目标，层层递进，又要贴近每个学生的真实水平，让学生易学、乐学。在课堂上，教师又要是一个好的导演。教师要创造积极的学习氛围，让学生一个个精彩演出。只有这样的课才是学生真正想要、教师追求的优质课。

让课堂生活充满诗意

教师是"伯乐"，善于相马。但是，教师又不能只是伯乐，伯乐相马的目的是挑出千里马而淘汰其余的马，教师却必须对每个学生负责。宋代朱熹在《论语》的注解中指出"孔子教人，各因其材"。孔子对自己的学生就很了解，他能够说出学生的性格特点和智力水平，并且针对不同的特点，用不同的方法进行教育，把学生培养成各种不同的人才。

从心理学角度来看，一定年龄阶段的学生，他们的心理特点和智力水平既有一定的普遍性，又有一定的特殊性。教学应针对学生的共同特点和个别差异因材施教，这样有利于扬长避短、长善救失，有利于多出人才、早出人才、快出人才。

从课程标准来看，素质教育不是选拔适合教育的儿童，而是创造适合每个儿童的教育。教师应努力创造适合每个儿童的教育，充分认识学生的巨大发展潜能和个性存在的差异，努力培养学生积极的学习态度、善于与他人合作的精神以及高度的责任感和道德感。

一、不同的需求不同的教学

不同的人有不同的特点，不同的学生有不同的天赋，课堂教学绝对不能满堂灌。夸美纽斯说：这犹如向窄口瓶子猛灌多量的水一样，结果大量的水都流到了外面，最后瓶子中所得之水比缓缓注入的还要少。

作为一名教师，在教学中必须杜绝自以为是、固执己见、凝固僵化。因为教学不同于物质生产，教学对象（学生）是活生生的人，他们具有潜在能动性，每个人都是不一样的，每个学生都有不同的需求。

苏霍姆林斯基说："教育和教学的艺术和技艺，是发挥每个学生的力量和可能性，使他们感到在脑力劳动中取得成绩的喜悦。"这就需要教育者认真分析学生的个体差异，满足他们不同的需求，并以此为根据，选择不同的教学内容和教学方法，使他们各有所得，各有长进。

教师在教学中应多设计开放题，体现内容的层次性和答案的不唯一，以适应不同的学生学习的不同需求。所谓开放题，是相对于传统的封闭题而言的，一般指条件不完备、答案不唯一或解题策略不唯一的题。这类问题很有利于激发学生的求知兴趣和求异思维，能让学生在自己的基础上展示才智、发挥特长，能使解决问题的策略多样化。

在教学过程中，虽然学生的学习基础、接受能力、行为习惯存在差异，但每一个智力正常的学生，都可以学习课程标准规定的内容，都有条件按教学要求学好。教师根据学生的认知水平和学习程度来进行分层教学，使不同层次的学生不同程度地提高学习能力。体现学生学习的差异性有如下三个层次：一是能找出一个或多个答案；二是能找出所有的答案；三是能有规律、有序地把所有的答案表示出来。

设计开放题也是开放式教学的切入点，新教材中所编排的开放题为开放式教学打下了良好的基础。开放题的多向性、发散性有利于培养学生的创新意识，凸显学生的个性，满足不同学生的需求。合理利用教材的开放题或根据教材知识点创设开放题进行开放式教学，能更好地扩大学生的知识面，引导学生多角度、多层次地探究问题，把握知识点。

二、不同的兴趣不同的学法

兴趣，主要是指人们对客观事物特别爱好的感情状态，是一种个性的心理特征。兴趣是行为系统中最现实、最活跃、最强烈的心理因素，因此，兴趣是最好的老师，是学生学习的动力。学生只要对学习产生了浓厚的兴趣，就会充分发挥自己的主观能动性，发挥自己的聪明才智，刻苦钻研，勇于探索，克服道道难关，利用一切条件创造性地学习。

当然，学生学习的兴趣并不是天生的，它是在一定的社会生活和教育的影响下，逐渐培养和发展起来的。因此，教师要懂得因材施教，顺着学生生长、发展的趋势，及时满足学生不同的兴趣；要创设不同的问题，使每一位学生都能体验成功喜悦，从而激发学习的兴趣。

三、不同的水平不同的作业

每个学生都是独一无二的个体，都具有自己的独特性，发展各有不同，他们的知识基础、智力发展水平和个性特长也都有较大的不同。教师必须充分尊重差异，尊重每一个学生，信任每一个学生，帮助不同能力的学生，通过不同作业的训练引导他们吸取、探究知识，承认学生发展存在着差异性，不搞"填平补齐"，作业的设计和布置必须多层次，有差异。

对某些学习有困难的学生，应适当减少他们的作业量或适当地降低作业的难度，让他们做一些简单的、有趣味的练习，让他们感觉学习可以这样的简单快乐，增加他们学习的兴趣。对学习能力较强的学生，应适当拔高要求，设计一些具有挑战性的作业。教师根据不同水平的学生设计模仿练习、变式练习、发展练习，学生根据自己的实际情况自主选择自己需要的作业。

四、不同的成功不同的评价

"找到一个孩子的优点，就是找到一个孩子的生长点。"个性化的评价，就是针对每个学生的学习潜能进行富有激励性的评价。既要善于发现优等生的问题，又要尽可能地寻找到学困生的闪光点，既要让学生体会到教师对他们的期待和希望，又要帮助他们鼓起勇气，树立学好的信心，提高学习的兴趣，激发学习的潜能，确立自己的发展优势，选择自己的最佳发展区，使不同的学生都有一种获取成功的愉悦感，真正把学习作为一种精神享受。

尊重学生的个性差异，促进学生的个性化发展，自然就成为教师评价的指向和归宿。所以教师要毫不吝啬赞美的语言，在不同学生取得不同的成功时要用不同的评价激励学生，让学生始终保持着积极的学习态度和高涨的学习热情。例如，对学生在知识与技能方面取得的进步，教师要善于鼓励表扬；对学生学习方法和过程方面的独特个性，教师要善于表示由衷的赞叹；对那些不畏权威，敢于质疑的学生，教师要善于表示真切的钦佩；尤其对学习暂有困难的同学，即使是面对他们的"笨嘴拙舌"，教师也要细心地分析其可能的积极态度和正确思维，鼓励其大胆表达，和其他学生一起倾听其发言，真诚地陪同其进步，精心保护其每一个进步的足迹，激起学生主动参与学习、不断创新的欲望和需要，促使学生的心理常常处于一种"蠢蠢欲动"和"欲罢不能"的状态，推动学生进入一个新的发展区域。

把学生培养成自律的学习者

在小学课堂学习中，有些学生刚上课时能专心听讲，过几分钟后，就被一些无关的刺激所吸引，导致注意力不集中；有些学生虽然上课看似认真，但心已不在教室，想一些与学习无关的事情，教师讲课的内容完全没有听进去；有些学生边玩边做题，不专心，学习效果差；有些学生难以集中注意力做作业，导致无法在规定的时间内完成作业……

出现这些现象的原因，归根结底还是因为学生注意力不集中。研究材料显示，学生的注意力一般只能维持 15～20 分钟。如何让小学生适应 40 分钟的持续教学，如何提高他们在课堂上的注意力，就成了我们首先要解决的问题。

针对小学生在课堂中注意力不集中的现象，我们充分调动课外及课内的积极因素，改善已有的教学模式，从根本上掌握学生的注意力，提高课堂教学的效率。

一、小学生注意力不集中的原因及表现

通过观察，我们得出小学生上课注意力不集中所带负面作用的原始数据。经统计分析，发现造成这种情况的原因有：学习内容呆板，学生不感兴趣；学习环境杂乱无章，不能激发学生兴趣；家长过度溺爱孩子，甚至包办代替，使孩子养成严重的依赖性，有的家长替孩子做作业，学的什么内容小学生自己都不知道，也就不能在课堂上集中注意力学习；教师的目标任务不

能明确分层；教师不了解学生的心理。

学生注意力不集中，在课堂上通常表现为：经常东张西望，做小动作，与周围同学说话，玩笔，抓耳挠腮；不听从教师的指令，听课、写作业经常走神、发呆，注意转移速度慢；写作业速度慢，边写边玩，作业质量不稳定，容易受外界干扰，不能专注地看完题目；集体活动中不能遵守规则，不能等待，不能安心倾听他人回答问题，不能专注一件事情。

二、提高学生注意力的对策及方法

（一）"温故知新"法

教师必须努力钻研教材，了解学生的实际情况，在学生已有的知识经验的基础上循序渐进、逐步深入地把新材料同学生已有的知识经验联系起来，以加强学生的注意力。例如在讲数学知识时，联系一些身边事，或是让学生编一些与生活有关的题，让学生感到数学就在身边，这样就吸引了学生的注意力。除了培养学生的直接兴趣，集中学生的学习注意力外，教师还要培养学生的间接兴趣，以提高学生的注意力。

（二）"情绪调整"法

教师上课时可以通过自己抑扬顿挫的语言、丰富的面部表情和恰当的辅助教学手段等，体现出不同的口头语言和肢体语言，以表情、语调等行为方式作为课堂语言的辅助工具，使授课内容与讲课激情高度统一，从而有效地吸引学生的课堂注意力。

（三）"习惯养成"法

良好的学习习惯对小学生的学习特别重要，应注意培养小学生上课注意听讲的好习惯。要求小学生上课时有两到：眼到、心到。

（四）设置趣味活动

在课堂教学中，教师可以设计一些有趣味性的活动，如学生只要"跳一跳就能摘到果子"的练习，再结合教师的口头语言评价，如"你回答得真是太好了！""你真棒！"等看似普通的评价性语言，让学生体验到上课集中注意力认真听讲的好处，激发学生的学习兴趣，从而增强学生上课集中注意力的意志力。

（五）重视课前 3 分钟，唤起学生注意力

良好的开始是成功的一半。为此，我们可以结合小学生爱说、爱唱的特点，在课前 3 分钟开展"每课一歌""有谜同猜"等他们喜欢的游戏活动，将他们分散的注意力集中起来。

做足这些功夫，我们就可以有效地改善学生课堂上注意力不集中的情况，从而把学生培养成自律的学习者。

多彩课程的精彩

随着人工智能时代的到来，在重构教师形态的同时，教师身份也发生着重大转变。教师已不再是知识的主宰者，而是学生学习的引路人，是学生学习过程的参与者，课堂活动的组织者，问题探究的合作者。在教学上，教师是知识体系的构建者，成为学生学习的"重要他人"。

课堂中，学生主体地位凸显，学生自己去探究，去体验，去归纳，去分享……学习过程中，学生自主将繁杂的新问题转化为已学会的旧问题，构建出知识与知识之间的重新联结，将生活体验与知识学习相联系，不断发现问题、提出问题、分析问题、解决问题，又在解决问题中发现新的问题，促使学生学习灵动起来，成为知识的自主建构者，使学生以知识学习为本位，转变为以"核心素养"为本，逐渐走向"深度学习"，让学生学习真实发生。

为了落实教育维度，我们将学生校内学习同校外生活及其需要和兴趣紧密结合，关注学生终身发展的内在需要，着眼于学生个性的全面发展，开展了多种形式的各类课程。

一、探秘恐龙世界创意彩泥劳动实践课程

莱阳是"中国恐龙之乡"。在这片神奇的沃土上，孕育了丰富的恐龙化石资源。作为一所有着深厚传统文化积淀的学校，莱阳市西关小学在传承与创新中，将特色地域文化与劳动教育相融合，开设了"探秘恐龙世界"创意劳动实践课程。

劳动实践课开始于同学们的研学之旅。"行是知之始，知是行之成"，学生在研学教师的引导下走进莱阳白垩纪地质公园，了解白垩纪地层，探寻古生物化石，观赏恐龙峡谷，真实体验恐龙生活的足迹。学生认真聆听，零距离感受，收获满满。

研学之旅让学生充分了解了恐龙的相关知识，研学与学科知识相融合，以学生对恐龙产生的极大兴趣与热情为切入点，将"恐龙"带回校园。学校以此开设了"探秘恐龙世界"创意彩泥劳动实践课。通过劳动实践创作，学生将各种各样恐龙的形象生动地展现出来。低年级学生用彩泥捏生动可爱的卡通小恐龙，并且与传统节日相结合，以端午节为主题制作了许多端午小恐龙，有吃粽子的小恐龙，还有划龙舟的。高年级学生以锡纸、铁丝、彩泥捏造逼真的酷炫小恐龙。学生先用锡纸团成恐龙的各个部位，然后用细铁丝将各个部位缠绕固定，接着用采泥将做好的骨架包裹住做皮肤，最后捏细节塑形，将头部、眼睛、嘴巴、皮肤纹理等部位用捏、划、戳、刻等技法制作，恐龙栩栩如生，逼真形象。

"探秘恐龙世界"创意彩泥劳动实践课程，既锻炼了学生动手操作能力、手脑协调能力，更全面地展示了学生的想象力，又培养了学生的创新精神，提升了学生的劳动技能，涵养了学生的劳动品格。

二、线缠画课程

线缠画是学校最具特色的一个课程项目。给我一个支点，我能撬动整个地球。给我几个钉子和线团，我可以创造非凡。展开想象的翅膀，线缠画帮学生实现一切可能。线缠画制作过程手脑并用，培养了学生耐心、细致的做事态度和不怕困难的勇气与决心，更让学生树立了远大的志向，学生乐在其中。

三、剪纸课程

剪纸是我们中华民族的传统艺术。在"学党史，讲英雄故事"活动中，我们将"小英雄雨来"的故事以剪纸的形式呈现，栩栩如生的画面向我们展现了一个战火纷飞年代的小英雄形象。我们还将传统文化中的十二生肖制成系列剪纸，让学生在了解民族文化的同时更树立了学生的民族自豪感。

和乐育人，从"心"开始

在坚持"质量立校、创新强校、文化铸校、和谐荣校"宗旨下，莱阳市西关小学以人本教育思想和现代素质教育理念为指导，以人的和谐发展为目的，将心理健康教育与学校各项工作有机融合，关注心灵成长，致力打造充满人文关怀的精神家园。为此，我校创建了"和乐育人，从'心'开始"的心理健康教育品牌。

"和"即和谐统一，包括师生关系的和谐统一、教师与学生各方面素质协调发展的和谐统一、人文管理与学校发展的和谐统一，以及学校、家庭、社会的和谐统一。

　　和而不同，各得其乐。尊重每一个个体的成长与发展，提升他们的存在感、获得感与幸福感。

　　我们的具体做法是：一垒一室助力足，三心四合谋发展。"一垒"指构筑心理健康教育堡垒。"一室"指开辟心理咨询室。"三心"指信心、关心、暖心。"四合"指与心理健康教育相统一的四大融合。

一、构筑心理健康教育堡垒

　　学校专门成立了以校长为组长、以教研处主任为副组长、以兼职心理教师和班主任教师为成员的心理健康教育领导小组，并把心理健康教育纳入学校整体工作计划，为心理健康教育的顺利实施提供强有力的保障。不论是学年还是学期工作计划都将心理健康教育列为学校重点工作之一，而且，心理健康教育工作每学期要制订单独计划，进行总结。每学期初，学校心理健康教育领导小组都对心理健康教育工作作出具体部署；每学期末，安排教师就心理健康教育工作进行交流，总结，评价，考核。

二、开辟心理咨询室

　　我校为心理健康教育开辟了专门的心理咨询室，通过规范细致的咨询辅导，为学生提供更贴心的服务，同时也方便保存管理相应的学生心理档案。

　　心理咨询室的各项制度都齐全、规范、上墙。心理辅导教师严格按照规定每天定时开放，为学生细致服务，得到学生的一致喜爱与认可。

　　各班级负责心理健康教育的教师认真填写、分析咨询辅导记录，为教育教学工作提供有效服务。建立学生心理健康档案，做好学生的心理跟踪调查。对部分心理问题严重的学生做咨询记录，包括咨询同学的详细心理问题、解决过程、解决方式、解决对策。

三、送三心

（一）信心——送给学生

我校开设了心理健康教育活动课，课程设置在各个年级。这种以活动课为主的教学模式形式丰富，包括角色扮演、情景体验、讨论分析、谈话沟通、行为训练、心理陈述等，以学生为主体，让学生在活动中产生自信体验，学会自助，深受教师和学生的喜爱。

2021年，我们还针对各个年级学生的年龄特点，组织班主任教师坐到一起，集体备课探讨研究，针对学生学习上缺乏自信、生活上缺少自律，推出了各年级的心理健康活动课教案，方便班主任教师针对自己班级学生情况，因材施教有的放矢。在丰富学生课余生活的同时，极大地调动了学生的学习兴趣，增强了他们的自信心。

在2020年疫情防控期间，为更好地鼓舞士气，居家隔离期间我校每周向学生推送一节心理教育微课，远程指导学生乐观应对困难，积极抗疫保学。我校录制的抗疫歌曲视频《你笑起来真好看》先后在市级、省级媒体上展播。

（二）关心——送给教师

学校重视心理辅导队伍的建设，积极提供各种机会促进心理咨询兼职教师队伍的建设。学校经常选派兼职教师参加各种心理健康活动、咨询等方面的培训，通过订阅大量心理健康图书、杂志，经常性地开展室内外拓展训练和教师团队心理辅导活动，使心理辅导队伍的水平有了大幅度提高。

学校关爱教师成长，及时了解教师学习、生活、工作中的困难，帮他们排忧解难。元旦和教师一起包饺子，端午节一起包粽子，在活动中提升团队的凝聚力与向心力，增强教师的职业获得感与幸福感。教师节期间，支部成员开展送温暖活动,多次走访慰问老党员、老教师,做好老教师光荣退休仪式,精心为他们准备纪念品,颁发荣誉证书。

(三)暖心——送给家庭

我校在重视学校心理健康教育的同时,更注意同家庭和社区建立联系,逐步形成了学校与家庭、社会相互协作的心理辅导网。

对于家庭困难学生,学校组织心理专职教师入户进行全面摸排,既有效、精准地掌握具体情况,又保护了学生的自尊,建档立卡,根据困难情况进行贫困补助。暖心的行动得到了社会的好评。

为了对学生心理健康有一个全面的了解,我校成立三级家长委员会,参与学校心理健康管理,定期召开家委会成员会议,及时了解学生校外情况,了解家长需求,形成学校、家庭、社会三位一体的育人环境,构建起以点带面辐射性的育人新模式。

学校利用每学期的家长会开展家庭心理健康教育,让家长了解学生在这一时期心理和生理发展的特点、家长在子女成长中的心理变化、科学的教育和沟通方法等,使得家长能够为子女创设温馨的家庭心理环境。

四、四大融合

(一)班主任团建+心理健康

在心理健康教育工作中,我校一直注重对班主任队伍的建设、培养和运用。每学期我们都会为班主任开设专题讲座以提高班主任的理论知识,同时提供机会和舞台让班主任充分交流和展示他们在工作中总结的经验教训。我校明确规定德育处、大队部、心理咨询室、年级组、班主任要相互配合,每学期有计划、有组织地开展丰富多彩的健康教育活动,帮助学生树立科学的健康观,结合年级学生特点及工作重点利用班会时间进行心理健康教育。学期末,学生面临考试的压力,难免有焦虑紧张的情绪,我们通过讲座辅导、心理咨询帮助学生增加正确的竞争意识，克服自卑心理，正确对待考试。

（二）课题研究＋心理健康

各种教育教学活动蕴含着丰富的心理教育因素，必须充分挖掘和利用这些因素，把心理辅导有机地渗透在各科教学和各项教育活动之中。近年来，我校多位兼职心理教师共承担了山东省教育科学"十三五"规划课题"提高小学生注意力的稳定性的策略研究"、烟台市教育科学"十三五"规划课题"小学低年级学生注意力的稳定性与课堂教学效果的研究"、烟台市教育科学"十三五"规划课题"小学生注意力稳定性现状调查"、莱阳市级小课题"提高小学生数学课堂注意力的策略研究"等课题的研究任务。他们对个案学生进行深入的跟踪调查分析，总结经验方法；把心理健康教育和班会、队会结合起来，落实发展与预防的功能；尝试以队课的形式、班会的内容来进行心理健康教育，在学生喜闻乐见的形式中，春风化雨般渗透心理健康教育。

（三）队建＋心理健康

我校注重加强少先队阵地建设，充分发挥校园广播站、微信公众号、主题班会、校报、微视频等宣传作用，引领少先队健康快乐成长。

一是强化仪式教育。定期举行新学期的"我是小学生"新生入学仪式、六一儿童节的"我为队旗添光彩"少先队入队仪式、五年级的"扬帆起航"毕业典礼、每周一的升旗仪式等，增强学生集体荣誉感和责任心。

二是注重节日教育。利用节日对学生进行系列文化教育，开展"缅怀先烈，学习党史，做新时代好少年"清明扫墓祭祀活动、"粽叶飘香端午情"端午节包粽子活动、"快乐六一跳蚤市场"儿童节图书义卖活动、"立爱国志，抒报国情"国庆节绘画活动等，让学生在节日中感受中华文化的魅力，增强民族自信心与自豪感。

三是加强主题教育。开展防震防火演练、"提倡节约，反对浪费"教育、"敢于说不"校园防欺凌教育等，签订责任状。2021年，以建党100周年为依托，开展"百年征程，红心向党"主题教育活动、开学第一课"党的光辉照童心"、学雷锋日活动、"党在我心中"亲子共读党史故事、"红色教育"综合实践手工活动、"百年征程,童心向党"全员运动会、"百灵童声百天颂党赞百年风华"党史宣传活动等。截至2022年,学校向莱阳市委教育工委及市委宣传部报送5节童声党史宣讲内容,2篇已在学习强国平台发布,报送微党课1节。这些活动为学生扣好人生第一粒扣子打下坚实基础。

(四)校园文化＋心理健康

学校图书室、阅览室有专门的心理学图书资料,供全校师生查阅。校园内有专门宣传心理健康教育的长廊,一句句温馨的话语、一幅幅温馨的画面,那是一种无声的教育。学校通过校报、学校公众号、宣传展板、广播站、国旗下的讲话,定期对学生及家长进行心理健康知识普及。学校结合校园文化艺术节开展活动,让学生在生动有趣的活动中体验到内在的快乐和生命的价值,进而做到有理想、有本领、有担当。

第六章　加强队伍建设　促升教师成长

教师专业发展的内涵及相应理论

一、教师专业发展的内涵

发展这一哲学术语是指事物由小到大、由简到繁、由低级到高级、由旧物质到新物质的运动变化过程。作为人的发展过程是指从幼稚走向成熟并且不断完善的过程，教师的发展过程亦遵循这一模式。具体地说，作为社会职业人的教师需要经历从具有专业知识的个人，成长为初任教师，再发展为有经验的教师，最后成为实践教育者的持续过程。在这个过程中，教师发展的中心是教师的专业发展。

卡尔-桑德斯是较早系统研究"专业"的社会学家。他认为，专业的形成可以追溯到中世纪的行会组织（guilds）。根据他的研究，"所谓专业是指一群人在从事一种需要专门技术的职业。专业是一种需要特殊智力来培养和完成的职业，其目的在于提供专业的服务"。对评判专业的标准，一般认为：专业是一个正式的职业；为了从事这一职业，必要的上岗前的训练以智能为特质，包括知识和某些扩充的学问，它们不同于纯粹的技能；专业主要供人从事于为他人服务，而不是从业者单纯的谋生工具。

在教育界，人们普遍认为专业发展是指教师在知识、思想和教学效果方面取得连续不断的提升，它被看作教师在提高教学实践过程中所采用的各种手段，强调教师的经验和专业知识。但有的定义则强调个人发展方面的因素，如将教师发展看作是教师自愿参与的一种不断学习的过程，旨在通过调整自己的教学而满足学生的需求。从人文类学和心理学的角度，昂德尔-希尔（1991）将教师发展视为一种研究教师所想、所感、所为的有意识的选择过程，它是有关课堂之外教师内心世界形成的一种探究。

对于教师专业发展概念的界定，国内外学者们的看法不一。国外最早提出"教师专业化"概念的是霍伊尔，他认为专业化是指一种职业经过一段时间发展后成功地满足某一专业性职业标准的过程。它涉及两个一般是同时进行并可独立变化的过程，就是作为地位改善的专业化和作为职业发展、专业知识提高以及专业实践中技术改进的专业化。也有人认为专业化是指一个普通的职业群体逐渐符合专业标准、成为专门职业并获得相应专业地位的过程；或指某一职业群体的专业性质和状态处于什么样的情况和水平。

福兰和哈格里夫斯（1992）指出，教师发展可以从知识与技能的发展、自我理解和生态改变三个方面来理解。埃文斯（2002）提出教师发展最基本的是态度上和功能上的发展。前者是教师在态度上的改变过程，后者是专业表现改善的过程。其中态度上的发展包含智识性发展和动机性发展，功能上的发展体现为程序性发展和生产性发展。哈格里夫斯（1995）认为，教师专业发展不仅包括知识、技能等技术性维度，还应该广泛考虑道德、政治和情感的维度。

戴伊（1999）综合众多学者的观点，提出一个颇具包容性的界定：教师专业发展包含所有自然的学习经验和有意识组织的各种活动，这些经验和活动直接或者间接地让个体、团体或学校得益，进而提高课堂的教育质量。他们的学习和发展，是具批判性的，因为教师不只是知识和技能的受容器。

加布里埃尔（2003）把教师专业发展定义为教师自发地学习如何更好地调整教学方式以适应学生学习需求的持续的学习过程。专业发展不是一次性的，而是自我揭示、自我反思、不断演变的过程。根据他的理论，传统的教师专业发展策略，如教师短期进修班对于传达信息的作用值得肯定，但是对于教师把理论知识运用到课堂实践中提供的机会却十分有限，有效的专业发展需要为教师提供足够的支持体系和机会以便其选择、计划、实行并且评价所参与的专业发展活动，一旦教师有机会参与到专业发展活动的过程中，他们就能更好地成为学习过程的引导者并且可以促进学生取得成功。

从上述文字已经清晰可见：专业需要专门的知识与技能，教师的专业发展更是一个不断充实、更新知识的过程。这种专业发展是一个终身学习过程，是一个教师的职业理想、职业道德、职业情感、社会责任感不断成熟、不断提升、不断创新的过程。在该过程中，具有变革力量的教师独自或与他人一起检视、更新和拓展教学的道德目的；在与学生和同事共同度过的教学生活的每一阶段中，教师不断学习和发展优质的专业思想与实践所必需的知识、技能和情感智能。从某种意义上说，没有教师的发展，没有教师专业上的成长，教师的历史使命就无法完成。因此，教师专业发展不仅是历史发展的趋势，而且是教育改革与发展的必然。

国内关于教师专业发展的代表性观点主要有：唐玉光（1999）研究表明，作为教育教学专业人员，教师要经历一个由不成熟到相对成熟的发展历程。成熟是相对的，发展是绝对的；教师专业发展空间是巨大的，发展内涵是多层面、多领域的，既包括知识的积累、技能的娴熟、能力的提高，也涵盖态度的转变、情感的升华。朱新卓（2002）的观点是，教师专业发展是教师以包括知识、技能、情意等专业素质的提高和完善为基础的专业成长与成熟的过程，是由非专业人员转向专业人员的过程。肖丽萍（2002）的研究指出教师专业发展是增进教师专业化、提高教师职业素养的过程，强调教师从个人发展角度对自己的职业发展目标做出设想，通过学习进修等提高教育教学能力，最大限度地实现自己的人生价值。朱玉东（2003）提出，教师专业发展是伴随教师一生的、在专业素质方面不断成长并追求成熟的过程，是教师专业信念、专业知识、专业能力、专业情意等不断更新、演进和完善的过程。刘捷（2005）探究了教师专业发展是指教师在整个专业生涯中，依托专业组织，通过终身专业训练，习得教育专业知识技能，实施专业自主，表现专业道德，逐步提高自身从教素质，成为一个良好的教育专业工作者的专业成长过程。贾爱武（2005）则在外语教师职业专业化确立的前提下，提出外语教师专业发展概念的两个维度，其一指教师个人在专业教学生涯中的心理成长过程。其内容包括：态度层面的专业信心、态度、价值观的增强；学科知识能力层面的学科知识在"博"与"专"两个维度上的持续更新；专业教学知识层面上教学技能的提高以及为应对教学不确定性而发展丰富的教学策略意识的不断强化，人际交往和同事合作等能力的完善。其二指在职教师受外在的教育或培训而获得上述方面的发展。

由于我国的教师职业是一个形成中的专业，离成熟专业的标准还有一定差距，对教师专业发展认识有待进一步深化，因此，学术界对"教师专业发展"概念的界定至今未达成共识。但我国学者对教师专业发展的一致理解是：教师是发展中的教育教学专业人员，教师成长要经历由不成熟到成熟的发展历程，教师的专业素质在此过程中不断提高与完善。

综合国内外理论研究，笔者认为，教师专业发展是指以教师专业成长为目标，以提高教师信念、知识、技能、情感等专业素质为内容，动态持续的发展过程。在此过程中，教师不仅需要通过不断的学习与探究历程来拓展其专业内涵，提高专业水平，达到专业成熟的境界，而且教师的主体性得以充分发挥，人生价值得以最大限度实现。

二、教师专业发展理论研究视角

国外对教师专业发展研究的视角主要集中在以下几个方面。

一是现代教育学理论。关于教师的职业和地位，一直是现代教育学研究的范畴。现代教育原理认为：由于教师工作的示范性、复杂性、创造性等特点，教师的职业性质已具备专业工作的特点，因此教师必须具备高度的专业知识、技能和特长，必须经过长期的专业训练，不断在职进修，提高自己的知识和专业素养。

二是教育管理学理论。教师管理是学校管理的重要组成部分，它不仅仅是对教师的使用和管理，而且还包括建立集体教研、教师进修培训、师资队伍建设等制度和措施，为教师的成长和发展提供良好的环境条件。因此，教师专业发展应该成为学校管理特别是教师管理的主要内容。

三是建构主义学习理论。该理论认为每个人的知识都不是固定不变的，它们处在一种不断发展和扩充的状态之中，而且在不同情境中，知识需要被重新建构。学习是学习者主动建构自身知识经验的过程，即通过新经验与原有知识经验的相互作用，充实、丰富和改造自身知识经验的过程。因此，教师的专业发展过程不能是一种外在的灌输式培训或者强制性制度的要求，教师应当是主动学习的个体，是成长过程中的人，需要不断地建构自己的知识结构。可以说，教师的专业化发展实质是教师专业素养的不断建构的过程。

四是马斯洛的自我实现理论。人本主义心理学家马斯洛认为，人的成长源于个体自我实现的需要，自我实现的需要是人格形成、发展、成熟的驱动力。所谓自我实现的需要，就是人对于自我发挥和完成的欲望，也就是一种使他的潜力得以实现的倾向。正是由于人有了自我实现的需要，才使得有机体的潜能得以实现、保持和增强。根据这一观点，可以说自我实现是教师专业化发展的源动力，教师的专业发展不仅仅可以使自己胜任本职工作，更主要的是获得事业的进步、价值的实现、他人的赞许和尊重，获得职业认同感和满足感。

五是教师发展阶段理论。国外关于教师专业发展阶段划分的研究起始于20 世纪 70 年代。1969 年，美国学者富勒编制《教师关注问卷》，通过对教师由师范生成长为专业教师的过程中所关注问题的研究入手，揭开了教师发展阶段理论的序幕。此后不同学者相继开始了各自对教师专业成长过程的研究探索，逐步形成了三种基本理论：三阶段论，即求生阶段—调整阶段—成熟阶段；四阶段论，即求生阶段—巩固阶段—更新阶段—成熟阶段；五阶段论，即新手—入门者—胜任者—熟练者—专家。此外，依照研究角度和框架的不同。教师专业发展阶段的研究大致可归为职业/生命周期研究框架、认知发展研究框架、教师社会化框架和"关注"研究框架等四种。职业/生命周期研究侧重对教师职业生涯和人生阶段特征的描述研究，它是以人的生理的自然成熟和职业的自然适应为基本框架的，但是忽略了教师日常生活作为其专业生活不可分割的部分与教师的观念、行为之间的联系。认知发展框架研究主要分析教师的认知方面的研究，从心理学的角度研究教师的心理发展水平与专业表现之间的关系。社会化框架的研究实际上是对教师专业社会化阶段特征的研究，侧重社会化功能；而教师专业发展研究侧重的是个人化功能，因此两者并不完全相同。"关注"框架研究主要侧重研究教师在由非专业人员成长为专业人员过程中，不同时期所遇到的不同问题或所关注的不同焦点，这类研究是以教师的专业发展为主线的。

综合这些理论，可以认识到：不同的教师处在不同的专业发展阶段，教师的成长过程是一个新手教师向专家型教师的转变过程。然而上述关于教师专业发展阶段的理论均限于单一维度，是从不同侧面研究教师专业发展的过程，故难以揭示教师专业发展综合的整体轮廓。

相比而言，国内关于教师专业发展理论的研究缺乏系统性和深入性，但也取得了众多的研究成果。一般认为教师专业发展的过程，是教师增长专业知识、培养专业能力、提升专业水平的过程，但关注的角度不同。有的认为教师专业发展是指教师个体由新手型逐渐成长为专家型教师的过程，研究关注的焦点是教师个体的专业知识、专业技能、专业情意、专业自主、专业价值观、专业发展意识等方面由低到高的发展。有的指出新手教师与专家型教师所反映的是教师在成长和发展过程中的专业水平，揭示新手教师和专家型教师的差异对于教师成长具有重要意义。有的认为教师的专业发展应包括专业知识发展、专业技能发展和专业情意发展等几个方面。专业知识发展是指本体性知识、条件性知识、实践性知识和文化知识的发展。专业技能发展是指学习探索知识，系统思考教学过程，不断总结经验，了解学生差异并充分发挥学生的特长和优势。专业情意发展是指对教育事业的理解，对职业道德和行为规范的认同，对工作群体的向心力与奉献精神，等等。

叶澜、白益民等（2001）在把握教师专业发展阶段总体特征的基础上，提出"自我更新"取向的教师专业发展，它是指教师具有较强的自我发展意识和动力，自觉承担专业发展的主要责任，激励自我更新，通过自我反思、自我专业结构剖析、自我专业发展设计与计划的拟定、自我专业发展计划实施、自我专业发展方向调控等实现自我专业发展和自我更新的目的。同时指出描述各阶段的教师自我发展意识特征，具体为：

"非关注"阶段，指进入教师教育之前的阶段；

"虚拟关注"阶段，指就职前的师范学习阶段的发展状况；

"生存关注"阶段，指初任教师在刚入职的这一关键期的发展；

"任务关注"阶段，指度过初任期之后教师专业结构诸方面稳定、持续发展的时期；

"自我更新关注"阶段，指教师在度过"任务关注"阶段以后，发展动力转移到专业发展自身，教师可以有意识地自我规划，谋求最大限度的自我发展。

裴跃进（2008）则在审视国外关于教师专业发展理论的基础上，将教师发展阶段确定为三个范畴——教学系统、自我系统和组织系统，并从这三方面系统论述了准备期、初始期、适应期、胜任期、成熟期、创造期、稳定期、隐退期八个阶段的教师专业发展。

自从教师被视为一种专门职业，对教师的培养和培训就转变为以促进教师职业的专业化为核心。教师职业的专业化过程就是教师的专业素养形成、发展的过程，也是教师专业发展的过程。而教师专业素养的形成和发展不是一朝一夕就能实现的，也不是一劳永逸的。

教师专业发展范式及其转移

教师专业发展在不同国家、不同地区有不同的形式和导向，研究者和实践者对此也有各自不同的看法。笔者尝试从教师专业发展范式的角度对教师专业发展的理论基础进行初步分析。

一、教师专业发展的范式

（一）"技术熟练者"范式

1. 专家—新手比较

专家—新手比较即将专家教师和新手教师进行比较，挖掘专家教师所具备的特质，并认为专家的特质可以传递给普通教师，使其获得专业发展，进而成为优秀教师。

2. 教师教学效能核定（accountability）

教师教学效能核定即用实证主义的方式考核教师的教学技能技巧，以及由此产生的实证效果。

3. 防教师（Teacher-proof）课程体系

防教师课程体系指一种自上而下的专家课程，以确保统一的教学标准，教师只能遵照执行，而无权自己开发课程。

（二）"研究型实践者"范式

1. 斯腾豪斯（L.Stenhouse）的"教师成为研究者"（Teachers as researchers）

"教师成为研究者"指教师通过自身的实践活动，不断对自己的理论进行检验、修正和完善。斯腾豪斯认为，教师是教室的负责人，而从实验主义者的角度来看，教室正好是检验教育理论的理想实验室。对那些钟情于自然观察的研究者而言，教师是当之无愧的有效的实际观察者。无论从何种角度来理解教育研究，都不得不承认教师有着更多的研究机会。

2. 埃利奥特（J. Elliot）的"教师成为行动研究者"（Teachers as action researchers）

"教师成为行动研究者"指教师针对某些实际问题改变了自己原有的教育方式，在解决问题的过程中不断进行自我监控、评价，从而修正、改进和提高自己的理论。埃利奥特区分了两种教师改变教学实践的方式：一种是教师将研究者提出的案例用于解决实际问题，以便改进自己的教学，观念上的转变先于教学策略的变更，即"思先于行（Reflection initiates action）"；另一种是教师针对某些实际问题改变自己的教学方式，在解决问题的过程中自我监控、评价，教师最初对问题的理解有望在评价的过程中得到修正和改进，改变教学策略的行动先于理解力的发展，即"以行促思（Action initiates reflection）"。

埃利奥特认为斯腾豪斯提出的"教师成为研究者"即属于第一种方式。这种"思先于行"的方式可能导致有学术偏见的研究方案进入教师的思考与研究范围，使研究和实践（采取行动）成为两张皮。为此，埃利奥特建议从"教师成为研究者"转向"教师成为行动研究者"，即转向第二种研究方式，使研究与行动真正合二为一。一旦出现实际问题，实际工作者（教师）首先要做的就是迅速采取行动，以便解决问题。

3. 凯米斯（S. Kemmis）的"教师成为解放性行动研究者"（Teachers as emancipator action researchers）

"教师成为解放性行动研究者"指教师通过"促进者"（外来专家）的帮助，形成自己的研究共同体，并由教师共同体引导他们不断地进行自我反思，调整教育实践。正因为"解放性行动研究"具有集体的、共同体的性质，弥补了斯腾豪斯的"教师成为研究者"范式中以"个体户"为主的不足，故凯米斯对它寄予厚望，认为它最能展示批判教育科学的价值。他认为"解放性行动研究"提供了检验和改进教学实践的方法，将教学实践置于系统的理论知识和研究基础之上，它有助于发展教师的批判性自我反思意识，培养教师的专业自主能力。

二、教师专业发展范式的转移

人性观、知识观和学习观的深刻变化带来教师专业发展范式的转移，这种转移是多向度的，主要包含以下三个基本向度。

（一）从"被动性发展"转向"主体性发展"

传统的教师专业发展观通常是从上到下、从外到内，通过外部的灌输，将认为是"真理"性的专业知识传授给教师。但新的教师专业发展范式观念认为不应该这样，即教师的专业发展应该是教师自觉进行提高和发展，出路在教师自己身上。对于外部的知识传授，教师要转化为自己的技能，必须依靠自己的主体性，教师是自己专业发展的主人，需要自己确定发展目标，需要自主地选择接受哪方面的知识，需要自我激励、自我调控和评价。因此，我们现在提倡的"以教师为中心"的教师专业发展范式，才成为主流，一些学者也专门为广大教师设计了一些专业发展的策略，引导教师做好规划，写好教学反思和教学案例，开展行动研究等，都是教师主体性专业发展的表现。

（二）从"个人化发展"转向"交往性发展"

传统的教师专业发展，还有一种情形，就是发展与否都好像是教师一个人的事情，与别的教师没有关系，不重视互动和交流，教师是封闭的。但新的教师专业发展不这样，就像巴特勒（D. L. Butler）指出的，"教师学习教学的过程以及教师专业知识的建构，首先是一种社会性的交往和对话活动，教师不是在真空中建构知识，他们的知识、信念、态度和技巧是在一定社会文化情境中形成的"。教师只有走出自己的封闭空间，多和别人交流研讨，接受别人的影响，才能更好地反思自己的工作，扩充自己的专业知识。现代教师的专业发展，合作交流是一个必不可少的途径，例如同伴互助、课例探讨、知识分享等都是很好的方式。

（三）从"去情境性发展"转向"情境性发展"

传统的教师专业发展，有时候被认为是和教师的日常工作不相干的活动，可以不在教学场所里进行。但事实是，如果教师脱离了教学场所，获取的知识和技能都是抽象的，并不能有效地帮助教师应对教学场所里发生的各种情境，结果，学习所得都不过是一些存在记忆中的僵化的符号而已。实际上，我们的任何知识都要被应用过后，才能内化为我们真正的技能。只有我们将专业发展与我们的日常教学结合起来，才能真正获得理解与应用能力。知识是在教师与教学场所的互动中产生的，所以，教师要"在实践中学习"，而不是"在实践准备中学习"。所以，教师的专业发展，也应该从校外转向校内，从课堂外转向课堂内。

"主体性发展""交往性发展""情境性发展"是教师专业发展范式转移的三个基本向度。现在教师专业发展过程中涌现出来的一些话语，例如实践反思、建构探究、对话合作等，其实也可以看成是主体性、交往性、情境性的新的教师专业发展的三个核心概念的现实表达。

新时代小学教师应承担的角色

一、教师是反思性实践者

"反思性实践"一词最早由美国哲学教授唐纳德·舍恩在《反思性实践家——专家如何思考实践过程》中提出。"反思性实践者"与"技术熟练者"

相对而言："技术熟练者"观念下的教师只是教学论、心理学原理与技术的合理利用者；"反思性实践者"观念下的教师则能把教学论、心理学原理等理论知识融合起来指导自己的教学实践，并在实践情境中省察、反思自己的教学行为。两者的不同之处在于"技术熟练者"只是机械的操作，只问"怎么教"，不问"为什么这么教"，缺乏自主性和能动性，这种教师的成长是缓慢或停滞的。"反思性实践者"的教师则具有理想教师专业成长的特点：对教学反思经常化、系统化，能够经常与自己保持专业对话，系统地反思自身的实践并从自身的经验中学到知识。"反思性实践者"强调教师专业发展主要目的不是外在的、技术性的知识的获得，而是通过各种形式的"反思"，促进教师对自己专业活动、专业知识有深入的理解。"反思性实践者"认为教师专业发展的过程是在实践中进行、对自己的实践自我反思的过程。

实践—反思取向的教师能通过教育实践中的反思将主体性知识、条件性知识内化为个人的实践知识，其目的不是为了外在的、技术性的知识的获得，而是促进教师对自己的专业活动及相关的事物的深入理解与认识，教师通过不断的反思与批判，回顾、诊断、监控自己的教学行为，诊断自己的知识的弱处，补充与完善自己的知识结构，改变自己的教学行为，适应教学需要。

林崇德主张"专家型教师＝教育过程＋反思"，强调教师对自己的实践活动多一分反思与监控，其教学能力就多一分提高，就与专家型教师更接近。教学监控的实质就是对教学过程的自我意识和调控，即反思。

综上所述，教师的教学反思是促进教师知识发展的重要策略，是提升教师专业能力的重要途径。但同时也有大量研究表明：时至今日，我国教师教学反思的意识及教学反思的能力都有待提高，大部分教师没有将反思自觉纳入日常教学生活之中，大部分的教师的反思没有行为跟进，没有行为跟进的反思常常是无效的反思。

教师的反思是基于教师的实践的，同样，教师的反思需要理论的指导。已有研究表明：学科教学知识的重要来源是教师对自己教学实践的反思，如果教师能够了解教师学科教学知识的组成，有意识地自觉地分析自己的教学实践，那么，教师的教学反思将会是更有效益的。

二、教师是课堂变革的承担者

21世纪以来，课堂变革已成为各国教育研究者关注的重心。所有的课程改革、学校改革最终都将在课堂变革中实现。

教师是课堂变革的承担者及实施者。日本学者佐藤学将课堂变革与教师紧紧结合在一起——《教师的挑战：宁静的课堂革命》，书中描述了充满了宁静、自然气息的课堂。在课堂里，教师尊重每一位学生，倾听每一位学生；在这里，每一位儿童都得到尊重，能够说出他们自己对教材的充满个性的理解；在这里，教师每次都站在发言学生的斜侧面，作为学生的代表倾听每一位学生；在这里，学生能够直言"我完全不懂"，而教师则能够组织孩子们一起解释、讨论，形成合作学习共同体。这一切的改变，源于教师的改变。而今天我们大量的课堂是沉闷的，是教师一言堂的，即使师生之间有问答与对话，也是一种"对教师独白的应对，是一种思维浅薄的展开方式"。全球课堂教学变革的潮流，是我们今天的教师需要直面的挑战。佐藤学直言"那些关闭课堂的教师没有资格成为公立学校的教师"，教师必须开放课堂，成为实践共同体。

为最好的老师喝彩

笔者一直认为，想要学生成长，教师必有所长；想让学生成功，必让教师先成功。在莱阳市西关小学，师资队伍优质化被确立为学校教育的基础。为此，学校以促进师生共同发展为中心，努力提高教育工作的针对性和实效性，号召全体教师树立终身学习意识，培养一专多能的本领，从教学实践中捕捉科研方向，从而构建一支师德高尚、开拓进取、育人科研俱佳的优秀教师队伍。

多年来，我们以师德教育为核心，以课堂教学为基点，以科学评价为激励，以教育科研为引领，以培训学习为促进，确立科学的评价制度，指导教师走专业化发展之路。

在注重精细化管理、强化科级组建设、构建科学的教师评价制度的同时，我们充分认识改革大潮赋予教师们的全新使命，树立"培训学习就是最好的福利"的全新教师成长观，将教师继续教育放在促进教师成长的突出位置，以此有效提升教师队伍整体素质。学校广泛开展各种读书活动，形成新教师培训合格才上岗的制度；广泛开展学习交流活动，选派教师到北京、济南、烟台等地参加培训或学术交流活动，一批先进教学方法得以在学校成功嫁接。

近年来，学校直面年轻教师随学校迅猛发展比例逐年增大的实际，深化具有学校特色的青年教师培养机制：

一是学校引。通过教师校本系列培训，引导青年教师尽早适应校情学情，尽快投入工作。

二是处室疏。校长室牵头，各处室主动与年轻教师建立定期沟通、座谈机制，解决其生活、工作中碰到的困难，给予最大的关爱，让青年教师们尽早融入学校大家庭。

三是科组帮。各科组以常规科组听课、评课、研讨等活动为载体，解决年轻教师遇到的具体专业教学问题。

四是师傅带。作为促进青年教师成长的重要作法，学校一直坚持师徒结对活动，并使之制度化、具体化、常规化，重视这一工作的过程管理，建档跟踪、科学评价，提高工作的实效性。

立体化的"引、疏、帮、带"，使一批年轻教师在学校教坛脱颖而出。教师们都说："西关小学有一片适合教师成长的土壤。"

研训一体，行思并进

教师是学校的生命力和活力所在。学校发展的动力和源泉是教师的专业发展。培养一支以生为本、敬业爱生的教职员工队伍是学校永恒的追求。

校长的办学理念和学校的特色主题，同样必须依靠一支与之相适应的教师队伍去实施。只有把校长的办学理念内化为每个教师的自觉行动，并持之以恒地努力实施，学校才能逐步形成鲜明的办学特色。创建特色学校没有一批富有教育、教学特色的教师是难以实现的。

学校要形成特色，除对教师队伍建设要有整体水平把握和要求之外，还必须关注每一教师个体，努力培养一支各有所长的教师群体。为此，学校必须积极提供机会让教师发现自己的专长，提供机会让教师展示自己所长，努力创造条件培养教师专长，在条件许可的情况下还要多渠道吸收和引进一些有特长的教师。同时要围绕学校的特色坚持不懈地加强教师继续教育，指导教师形成共同的教育价值观，达成共同的行动目标，培养他们成为学校特色资源的开发者。

在教师专业发展的培养中，我们以师德教育为核心，以培养提升教师的教育教学实践能力为基点，以基本功训练为切入口，以校本研修为抓手，以新课程实践为载体，以激发教师的发展内驱力为前提，全面促进广大教师的专业化发展。我们坚持用正确的舆论引导、目标激励、制度激励、奖惩激励、民主激励等方法，帮助教师摆脱甘于平庸的心态；用高尚的观念塑造人，用身边的榜样感召人，用现代制度规范人、奖励人、鼓舞人，提高教师的思想境界、道德追求和行为风范。

如，学校推行"在学习中成长、在科研中进步"的教师成长计划。通过以学习新课程理论、新教学手段、新教学方法为重点，通过网络学习、专家引领、同伴交流、课题研究、教学研讨、教学反思等措施，促进教师由业务型向科研型转变。全校教师在实际工作中灵活地运用科研方法，将科学理论和生动的实践融为一体，既提高了工作效率，又提高了自身的科研能力。

又如，学校把课堂教学视为教学质量的生命线和观测点，关注常态课堂，关注真实课堂，促进教师的实践性知识生长。学校以教学质量为中心，开展聚焦课堂活动，积极推行"同课异构""每日一课"专题教学活动，既培训了教师，又提高了课堂效率。

在学校开展聚焦课堂活动中，教师以教研组为单位，按照学校的要求，针对自己的教学实际积极参加"同课异构"，深入思考，改进课堂教学方式，提高教学质量。推行"每日一课"专题教学活动，目的是促进教师的实践性知识生长，提高教育教学的针对性，提高教师素质，不断增强校本教研的生命力，从而促进学校制度建设，丰富校园文化，使新的教育理念真正走进我们的校园，走进教师的教育生涯，促进学生成长和发展。

聚焦课堂活动，既推动教师对教学的反思与改进，推动教师的专业化发展，明确个人自主发展方案，又培养了教师的合作精神和创新精神，为提高课堂教学的效率，提高教育教学质量奠定了基础。

"五大工程"助力新教师成长

在教育教学实践过程中，如何做到既满足新教师归属感的需要，又能使更多的新教师尽快适应教育教学的基本要求，实现"一年站稳讲台，三年独当一面"的总目标呢？我们在明确指导思想，进一步落实各项措施的基础上，结合已有经验和师训中心培训目标，开发并实施了"'五大工程'助力新教师成长"的培训项目。

"'五大工程'助力新教师成长"，其宗旨就是"求真务实"，不要花架子，不要虚名头，从教育教学实践出发，最终回归课堂，回归教育本真。

一、业务引领工程

这是新入职教师走稳职业之路的理论基础，注重专业知识培训。我们从校本培训、班主任、学科教学、基本功、信息技术应用能力等几个方面，引导新教师扎实提高业务水平。本着"从细处着眼，从小处着手，从实处着力"的原则，有培训，有研讨，有经验交流。校本培训的重点在课程标准学习、教材梳理上；班主任培训从班级管理细则、学校一日常规开始；学科教学侧重学习课堂常规、听评课常规；基本功从练习坐姿、握姿，写粉笔字入手……有的新入职的教师没有受过正规的师范教育，作为基地学校，我们有责任给予相关的指导和训练。

二、课堂打造工程

这是新入职教师走稳职业之路的实践基础，注重课堂实践能力的培养。我们通过教师常态课、骨干教师的示范课、校内公开课、学科教学大比武等活动的引领，新教师摸底课、亮相课、赛课、精品课的打磨，使得新教师慢慢熟悉并掌握课堂常规，逐渐站稳讲台。2021 年 6 月 3 日，作为信息技术 2.0 实验学校，我们学校做经验交流，新教师高东洁、隋蕊、孙悦、徐秀真就作为种子教师，在全市教师面前讲示范课并说课，受到一致好评。

当然，站稳讲台是一个漫长的、逐步变化的过程。在这个过程中，我们要求指导教师做好"一树一传一勤"。

"一树"指树信心，开个好头。新教师初踏讲台，不可避免地心怀忐忑：不知学生能否接受，不知领导怎么评价，不知同事怎样看待，不知家长是否挑剔。此时，指导教师的一句轻声的安慰，一个鼓励的眼神，一次肯定的讲评，都会让带着压力的新教师充满自信，从而在三尺讲台上表现得越来越自如，越来越洒脱，越来越精彩。面对困难，一方面，新教师自己要有足够的自信，另一方面，指导教师要帮助新教师树立信心，尤其是在新教师遇到挫折和困惑的时候，这有助于他们走好教学的起始路，开个好头，从而为今后的发展奠定坚实的基础。

"一传"指传经验，尽快适应。指导教师一般都有较丰富的课堂教学和教育学生的经验，这些经验对于刚走上教学工作岗位的新教师来讲弥足珍贵。教材的处理、资料的收集、课堂偶发事件的处置、调皮学生的引导、教学内容中德育点的挖掘、教学内容深浅程度的把握、作业的布置与批改、教学常规的建立、学生学习习惯的培养、与学生家长交流的方式方法等问题，对于新教师来说都是全新的，此时他们非常希望能得到过来人指点一二。指导教师的一次帮助、一次指点、一次示范，都能给新教师以启迪、以思考。指导教师的经验传授往往能大大缩短新教师的适应期，从而尽快走上教育教学的正常轨道。

"一勤"指勤交流，取长补短。新教师教学技艺的长进，除了观摩指导教师的课堂教学外，还有很重要的一个方面就是勤于交流，在交流中弥补自己在认知、观念和行为等方面的不足。交流的方式是多样的，有集中时间的专题讨论，有发现问题后随时进行的探讨，有听完随堂课以后的切磋，等等。交流的内容是广泛的：可以是对教材内容的理解，也可以是对教材内容如何处理的意见；可以是教学方法的改进设想，也可以是多媒体课件制作的技巧；可以是激发学生学习兴趣的方法，也可以是驾驭课堂的好的做法。

三、集体温暖工程

集体温暖工程强调的是集体的力量。个体的孤独、冷清、陌生、疏离，在集体的熔炉中很快就会消弭于无形。对职业的热爱，职业幸福感的产生，都离不开集体熏陶。

我们构建"集体温暖工程"的初衷，就是促进新教师更快地融入学校集体，在集体中快速成长。丰富多彩的校园生活为新教师提供了很好的展示平台，比如上学年的"童心动我心""运动也疯狂""镜头写青春""浓浓饺子情""快乐元旦歌"，下学年的"实践快乐""节日狂欢""运动青春""红心向党"，这一系列活动以图片的形式被记录下来，同样记录下来的还有新教师的鲜活、飞扬的集体生活。毫无疑问，他们在付出的同时，收获到了快乐和激情，收获到了热爱和幸福。

四、校长关怀工程

校长关怀工程的灵感来自"头雁效应"。校长，就是学校教师团队中的"头雁"，决定团队的前进方向，决定团队的精神状态。校长的率先垂范、身体力行，会发挥积极的示范、带动作用。同样。校长的关注及关怀，对新教师融入集体生活、快速成长有着不可或缺的积极意义。我校每月一次的"校长谈心录"正是这种积极意义的具体体现。校长要在繁杂的校务工作之余，随时关注新教师的点滴进步，并从细微处了解新教师的生活、学习、工作、心理、读书、人际交往等方面的成长与变化，有力地推动新教师跟岗培训工作的顺利进行。

五、读书提升工程

"业务引领"和"课堂打造"注重专业发展，"集体温暖"和"校长关怀"侧重情感熏陶，那么"读书提升"关注的就是新教师整体素质的培养，引导新教师在阅读中成长。

"欲求教书好，先做读书人。"读书是教师专业成长的有效途径。教师精神成长，需要高品位阅读的滋养；教师专业发展，需要经典教育专著的引领。面对纷繁复杂的物质世界，教师需要有淡泊宁静、远离浮躁的心态，读书就成了教师的必然选择。读书可以使每个教育工作者平添"腹有诗书气自华"的灵气、务实向上的心气和安贫乐道的骨气。读书可以陶冶情操，能够促进教育智慧的形成，是教师摆脱职业倦怠最有效的方法之一。

新教师加入校读书协会，并积极参加学校读书月、读书节活动。我们每学期还会推出面向新教师的推荐阅读书目，举行新教师读书演讲、读书分享会，并鼓励新教师自主阅读……

附件：莱阳市西关小学"阅微"教师读书社章程

第一章　总　则

第一条　读书社名称：西关小学"阅微"教师读书社（以下简称读书社）。

第二条　读书社性质："阅微"读书社是在学校的领导下的全体教师自愿组成的，交流读书心得、经验、方法、成果，以"读书"为主要特征的群众组织。

第三条　读书社宗旨：学习先进的教育思想，促进社员的个人发展，创造独特的教育文化，形成"多读书，读好书，乐交流，喜分享"的读书新风尚，提高教师教育、教学、研究、写作能力，促进教师专业发展，不断完善自我，促进教师不断获得成功体验，享受幸福人生，推进西关小学习型组织建设。

第二章　任　务

第四条　组织开展读书活动，读名著、随笔、教育理论和其他有利于提高教师自身素质的书籍。

第五条　组织读书专题讲座和讨论会，提高会员的学术交流能力。原则上每月举行一次读书交流会（寒暑假可根据实际情况有所调整）。

第六条　通过举办学术报告会、讲座、培训等活动指导教师阅读，帮助教师提高阅读水平，促进教师之间、本社与其他社团之间的交流与往来。

第七条　组织、指导社员撰写读书笔记、读书随笔，以及教育教学随笔，组织社员参加各级各类读书活动的评比。

第八条　定期、定主题开展读书活动，具体的形式与内容另定。

第九条　在学校网上建立教师读书专栏。

第三章　社　员

第十条　社员入社

1. 条件：西关小学承认并愿遵守本章程的教师均可以向理事会提出申请加入。

2. 程序：

（1）到理事会领取表格并认真填写后交回理事会；

（2）理事会讨论通过即加入本读书社。

第十一条　社员的权利

1. 自动退社。

2. 对读书社的工作进行监督和提出建议。

3. 按时参加活动。

4. 学校每学期给每位社员发放购书券一张，价值100元。

第十二条　社员的义务

1. 自觉阅读名著、教育理论图书，教育期刊和其他有利于提高教师自身素质的书籍。社员每学年泛读不少于5本，精读不少于2本，并能做到读写结合。

2. 以书会友，社员以自主读书为主，交流和统一活动相结合。引导教师阅读，指导学生阅读，达到阅读水平的共同提高。

3. 社员要积极撰写读书笔记、读书随笔，以及教育教学随笔。

4. 社员应热爱读书，勤于思考，乐意交流。认真参加每次集体活动，积极完成读书社交给的各项任务，义务为读书社提供各种服务。

5. 读书社一般每学期安排两次集中活动，假期根据具体情况做出适当安排。

6. 必须遵守读书社章程和读书社的各项要求。

第十三条　纪律

1. 社员三次违反章程或未履行应尽义务，将在会内通报批评；五次违反协会章程或未履行应尽义务，将自动退社。

2. 凡表现优秀的社员，可参评每学期评选一次的读书明星，读书社将授予证书和奖品并建议学校进行公开表彰。

第四章　机构组织

第十四条　本读书会在学校行政的领导下，设立社长、秘书长各1名，理事2~3名。

第十五条　社长的职责和职权

1. 定期召集和主持理事会。

2. 负责制订读书会的活动计划。

3. 向学校行政汇报读书社的活动开展情况。

第十六条　秘书长、理事的职责

1. 协助社长搞好各项活动（具体负责）。

2. 团结社员并接受社员的监督，处理社员提出的建议。

3. 负责具体的日常工作以及保证读书社的各项活动的正常开展。

第十七条　读书社日常活动应由读书社全体成员组织。其主要事务由读书社社长、秘书长及理事负责。读书社活动每月一次，根据需要定期或不定期开展活动，每次活动做好记录备案。

第七章 研究教育教学 赋能学校发展

教育的本质是激励、唤醒、鼓舞和引领

作为一名校长，站在教育手段日新月异的时代窗口，站在新时代的背景下，我常常在思考，教育的本质是什么？我们的教育方式又是否契合了教育的本质？

对于教育的本质，业界有很多不同的说法。我觉得德国哲学家雅斯贝尔斯说得非常好，"教育的本质是一棵树摇动另一棵树，一朵云推动另一朵云，一个灵魂唤醒另一个灵魂"。究其实质，就是激励、唤醒、鼓舞和引领，教育是以成就学生为中心，激励学生的学习欲望，唤醒学生生命的自觉，鼓舞学生取得更大的成就，引领学生向前发展。

在我看来，教育不是去灌输，强迫学生把"篮子"装满，而是要把学生前行的"灯"点亮。教育给予学生的不是知识，而是把学生"武装"起来，让他们成为多样化的杰出人才，成为能够在未来社会立足的真正人才。

而恰恰，我们很多学校把教育的本质搞混了。在"分数为王"的时代，学校以教师为中心，除了"填鸭式"的教学，不注重学生的全面发展，也不注重学生个性发展，更不注重培养拔尖创新人才，而这才是真的把学生误了。

分数再重要，和学生的未来比起来，都差得太远了。所以，学校的存在

不只是为了管学生，而更多的是成就学生，成就学生比成就学校要有价值得多。学生的内心世界就像是一个口袋，里面装满了智慧、理性、意志、品格、美感和直觉等生命的能量。教育要做的就是唤醒，一万次的灌输，都不如一次真正的唤醒。

我们做教育，必须遵从教育规律，要以育人为中心，以学生为主体。这就要求我们的教育要有前瞻性，要把握这个社会的未来需要什么样的人才，并以此为基调去完善学生人格，开发学生人力，培养学生成为未来的拔尖的创新的人才。

教研携手教学

一、让教师成为研究者

长期以来，人们认为教育研究应该是专业人员的事情，教师只是技术人员，教师的任务是熟练地掌握传授知识的技能和技巧，将教材内容如实地传授给学生。

教师远离教育研究，教师只是教学理论的实践者，课程内容的实施者，教材内容的传播者。

教师成为研究者，是时代发展对教师提出的新使命。21 世纪到来之际，我国的经济社会发展发生了巨大变化。信息技术、知识经济时代、新一轮课程改革的开展，这些都要求教师改变角色，从传统的传道、授业、解惑的知识"传授者"成为一名"研究者"。

教师成为研究者，是提升教师专业性的需要。英国著名课程专家斯滕豪斯首次明确提出教师即研究者（teachers as researchers），他认为教师必须在教学实践中从事课程探究，以获得对不同学生和不同课堂情境的教育理解。

教师成为研究者，可以帮助教师提高解决教学中问题的能力、提高教师自身专业素养，是教师专业发展的重要方式。在 60 多年前，英国教育家贝克汉姆论证了教师研究与增强教师自尊心和专业性的联系，他指出：教师拥有研究机会并且能够抓住这个机会，不仅能有力和迅速地推进教学技术，而且将会使教师工作获得生命力与尊严。苏霍姆林斯基在《和青年校长的谈话》里有这样一种说法："如果你想使教育工作给教师带来欢乐，使每天的上课不致变成单调乏味的苦差，那就请你把每个教师引上进行研究的幸福之路吧。"

我国世纪之交进行的课程改革，其课程理论与传统的课程理念相比，发生了巨大的变化。大量国外的教育理念涌入，改变了传统的知识观、课程观。我国基础教育课程改革的推进，课程理念最终要落实在课堂教学上，课程改革的最终实施者是教师。正是在这种国外理念与课程改革推进需求的双重影响下，教师成为"研究者"在我国教育界逐渐达成共识，校本研究、行动研究等众多以教师作为研究者的研究大量出现。

教师有着最佳的研究机会，有着最佳的研究位置，但当前的现实表明，我国教师离真正成为研究者还存在差距。我国基础教育改革中明确提出教师要做"研究型教师""专家型教师"，大力提倡教师做研究者，并把"校本教研"为国家教育改革与发展的一个重点。当前，开展教研、科研已成为许多学校教学工作的常态，同时，我们也看到大量问题的存在，大量学校教育科学研究与教学相脱离，"科研与教学是'两张皮'，要的时候往一块一粘，很虚"。大量的学校将教师承担课题、撰写学术论文作为教师评价获奖、晋升职称的关键依据。教师研究的功利化导致教师虽然从事着教学研究，但实际上对教学研究没有兴趣，不能应用教学研究帮助自己提升教学专业知识，发展自己的专业能力，并出现畏惧研究、排斥教学研究的心理倾向。

教师成为"研究者"是发展教师知识的重要方式，但现实告诉我们，教师真正成为"研究者"并非易事。教师如何真正成为研究者，如何通过研究真正提升自己的专业知识和专业能力，还需要进一步研究。

二、教师需要研究的内容

"科研兴校"的提法由来已久，但在一些学校的科研并没有达到预期的目的，没能真正使学校兴盛起来。

学校教育科研必须与学校发展的实际需求结合起来，分析学校实际存在的问题和困境，探寻学校教育教学出现的新情况、新矛盾，在破解学校发展难题的过程中实现教育科研的"升级换代"，实现学校的变革与进步。

学校教育科研，一是研究当今教育理论和教育实践中的重大问题，二是研究学校教育教学中存在的中观和微观问题，三是研究学校自身发展问题。也就是说，我们通常谈论的学校教育科研，至少可以从以上三种含义来理解这一概念。

在学校改革与发展的历程中，我们不太提倡小学教师从事第一类研究，认为这类研究远离小学教师的生活感受与体验，是小学教师难以胜任的；我们主张小学教师更多地把注意力集中在第二类研究上，也就是将身边的教育教学问题作为研究对象，借助研究解决这些问题，带来教育教学质量的提升。很多研究者进行校本研究或校本教研时主要是从这类研究着手的。

第三类研究也是学校教育科研的重要内容，是学校教育科研的基本类型。这类研究关注学校到底如何发展，传统优势有哪些，面临的挑战有哪些，寻求什么样的发展道路才能使学校办学水平有所改进和提高，学校发展有哪些潜在或显在资源，如何在发展中整合这些资源，什么样的发展速度和力度是教师能够承受的，教师在发展中有哪些忧虑，如何解决这些忧虑，等等。这类问题，其他人无法给出答案，恰恰需要学校自身加以回答和解决。学校应进一步加大第三类研究的力度，不能仅仅将学校教育科研定位在第二类研究上，要注意将第二类研究的成果转化在第三类研究上，在身边教育教学问题的破解中明确学校自身的发展目标与路向。

三、重科研，培养专家型教师

莱阳市西关小学坚持以教育科研为先导，明确了"科研兴教、科研兴校"的方向，促进教师由业务型向科研型转变；建立了以国家级课题研究为龙头，省、市、校级课题研究梯次分布、深入研究的教学研究网络；形成了以课堂有效教学为核心、以内涵发展为重点、以"让每一个学生都体验成功"为出发点的研究体系；开展了多层次、全方位、跨学科、社区与学校互动的研究活动。

全校教师在实际工作中灵活运用科研方法，将科学理论和生动的实践融为一体，既提高了工作效率，又提高了自身的科研能力。

（一）确定任务，轮流分享，个体效能群体化

此类教研主要通过明确研究任务、彼此交流等方法，分享教育心得、工作经验，逐步发现问题，借助一系列小团队、小课题的研究，达到个体知识群体化的效果，同时促进教师知识的增值与创新。

（二）联合教研，课例展示，隐性知识显性化

知识管理理论认为，教师的专业知识分为显性知识与隐性知识。教育叙事、教学案例的撰写，是隐性的知识显性化的基本途径。隐性知识显性化的过程，不仅是教师主动梳理的过程，也是教师自身反思的过程。在研究中，每个教师撰写案例，在联合教研中展示，成员之间对其进行深入的研讨，形成思想的碰撞，从中挖掘出有意义的信息，为我所用，同时也为其他成员提供有益的借鉴。

叶澜教授曾经说过，差异也是资源，有差异的教研组，有差异的发展中人，都是宝贵的资源。因此在研究之初，教研组认真审视组内的每一位教师，对他们的现状进行客观分析，力求将教师们的差异转变为组内的基础资源和发展需求。

（三）打破边界，跨越学科，实践能力综合化

校本教材的开发必须立足学生的实际，必须结合本学科的核心素养。校本教材的实施目的在于丰富学生的成长经历，不断激发学生的学习兴趣，唤醒学生学习内动力。当前的教育资源十分丰富，教师充分利用课内与课外的资源，同时引进各类社会资源，结合自己的兴趣爱好和专业领域内的特长，根据学校的要求努力开发校本课程，坚持时效性、主体参与性、趣味性，体现学科的思想和方法，以此作为课堂教学的延伸和补充。在校本课程的开发过程中，教师的开发和实施能力得以提升。

（四）聘请专家，破解难题，专业发展快速化

学校每学期都邀请特级教师、心理专家等专业人士与领导班子共同探讨教师专业发展，突破教师发展的瓶颈，加强顶层设计，精心管理过程。通过追踪访问，对青年教师进行一对一的指导，符合教师发展的专业发展规划，不断地促进青年教师的综合能力和整体提升的能力。

教育教学的挖"潜"与创"新"

一、培养青年教师，加快骨干队伍建设

青年教师是学校的未来，学校应对他们高度关注。近几年，对于西关小学的新进教师，为了让他们迅速进入角色，了解学校校情、学情，更好地开展教育教学工作，学校开展了教师岗前培训。通过专家引领、同伴交流、自修、课题研究、教学研讨、教学反思等方式，"走出去、请进来"，特别是课堂教学实践等活动，新进教师基本达到新课程的教学要求，教师的专业水平得到进一步提高。

同时，我校还加强对毕业未满5年的教师的培养和培训，制订了新教师

培养培训规划，完善师徒结对制度，在"行动学习"中促其快速成长。我校还提倡这些教师制订个人成长计划，对自己的专业发展制定明确的发展目标。

根据课题研究的需要，我校积极动员和组织全体教师广泛学习有关改革的文件、文章及各种材料，形成了固定的学习制度。为了提高教师的教研水平，我们还重视骨干教师的培训提高工作，选派优秀教师带着课题（问题），领着任务，走出校门参加培训学习。外出培训、学习的教师归来后除在本教研组做专题汇报外，还要上一节汇报课；结合自己上的公开课，学期结束后上交一份详细的反思。课题组成员严格按方案、计划实施，杜绝了工作的盲目性和随意性，教学质量得到提高，课题常规管理得到保障。

其实，校长的远见和格局就体现在帮助教师成长的热情上，校长的工作价值就在于让教师更有效地发挥作用。教师承担着学校的核心业务，而校长的工作就是消除教师教学中的阻碍，为教师提供教学所必需的工具和资源。青年教师要成长、要成功，就要得到管理部门的认可和支持，否则最好的教学计划也不一定有成效。

二、清空固有观念，积极拥抱信息化、大数据时代

随着信息技术的飞速发展，计算机、多媒体和网络等技术开始渗透到人们生活的方方面面。基于这些改变，教师的思想观念也必然会产生一定的变化。

教师教学不是学生获取知识的唯一途径，教师和学生的差别也不仅仅是知识量的不同，因而教师必须更加注重学生智力、情感、个性、精神和人格的发展。传统教学中教师单一的"控制者"角色已经无法适应如今教学发展的需求。因此，在如今的教学中，教师除了要扮演好控制者、传授者、评价者的角色，还应努力成为教学的组织者、引导者、促进者、激励者、资源提

供者等。

现代社会的教育绝不是单向的文化传授，而是要将人的创造力激发出来，将生命感、价值感唤醒，使人得以成为自觉、自由活动的人。

当代教学的一个特点就是学生在课堂上有较多的活动时间。因此，教师要帮助或指导学生完成任务，这也就对教师的业务水平提出了更大的考验。课堂教学中，教师要从学生"学"的角度来设计教学活动，使学生的学习活动有明确的目标，并有大一点的梯度和连续性。另外，教师设计的任务活动应该保证学生能获得知识或得出结论，从而使他们提升能力。

教师还应具备一定的组织能力、应变能力和自我调控能力，既要保证学生自己完成学习活动，又要保证能在必要的时候控制住学生的注意力。教师要善于引导、鼓励，巧妙提问、点拨。教师还要为学生创造丰富多样的学习环境，与学生共享自己的情感与方法，与学生共同增长知识和技能。教师的教学方法越好，学生的学习效果就会越好。

新时代教学方式的变革与运用

莱阳市西关小学以改革课堂教学为突破口，大力推进课堂教学方式的变革，确定"生本课堂"的指导思想，即教师是教学过程的策划者、组织者、合作者，努力让学生成为整个教学过程真正的主人，强化自主探究的学习方式，让学生在自主、自信的学习中快乐成长。

我们的具体做法是：一个中心，两个转变，三个重点，四项活动。

围绕一个中心——以创建"生本课堂"为中心。

实现两个转变——教学理念的转变、教学方式的转变。

突破三个重点——集体备课、方式运用、技术支撑。

抓好四项活动——立标课、达标课、专家课、优质课。

两个转变：

一是教学理念的转变。我校专门成立了教改实验微信学习群，让教师充分认识到转变教学方式的重要性，注重引导学生在认知的切身体验中去学习新知识，掌握新技能。在课堂上，教师发挥情感的积极功能，以情启思，以情促思，在思维中升华情感，体现了教育的本源意义。由教师传授型课堂向学生学习型课堂转变，体现"学生学习为本"的理念。学习一定要发生在学生身上，才有意义。要以学定教，用实践升华对理念的理解，从具体的课堂教学到内涵地切入，更好地为学生的成长发展服务。

二是教学方式的转变。低效课堂主体性和情感性的缺失，主要表现在课堂上满堂灌、教学方式多采用"填鸭式"，表现在生成"少"、节奏"慢"、状态"差"、"费"时低效等，"教"代替了"学"，"学"服务于"教"，学生每节课要配合教师，剥夺了学生学习的权利和能力。在新课改的大背景下，九种全新的教学方式要求教师努力做到"放手、放权、放心"，提倡启发式教学、会话式教学，提倡研究性学习和合作学习，将课堂的话语权、选择权、评价权真正交还给学生，将教育的核心素养真正落到实处。教师由单纯的教书匠华丽地转身为教育研究者、学校生态的构建者、学习和生长的开发者、信念的传播者。

三个重点：

一是加强集体备课。集中每个教师的优势，互通有无，整合资源，合作共赢。集体备课采取"三案"制度，即草案、共案和个案，环节按"个人备课，撰写草案""集体议课，形成共案""实施教学，修改个案"三个步骤进行。集体备课必须坚持"四定""五备"。四定：定时间、定地点、定内容、定中心发言人。五备：备课标、备教材、备教学方式、备学生、备训练。

二是强化方式运用。在教学中，九种教学方式和谐统一，共同发展。要尝试综合运用多种教学方式调动学生学习的积极性、主动性。"教学有法、教无定法"。不同的教学方法所适用的情况和取得的效果是不同的，为了达到最佳的教学效果，就必须以现代的教学思想为指导，从实际情况出发，根据各种教学方法的特征，选择一种或几种最优的教学方法，灵活加以运用。

三是创新技术支撑。大数据时代，信息技术作为教学的辅助已成为常态。我校是烟台市信息技术2.0的实验学校，实验教师通过各个微能力点的学习大大提升了自身教学技能和业务素养。

四项活动：

一是立标课。充分利用学校优质资源，通过学科带头人、骨干教师的立标课，为全体教师树立课堂教学模式改革的标杆。

二是达标课。以本学期的课堂大比武为依托，所有教师都要举行达标课，其中重要的一条就是是否运用了新的教学方式。

三是专家课。2021年9月27日，我校聘请全国优秀特级教师杨春林教授亲临我校进行现场教学指导。教师通过与专家零距离接触获取教改最前沿的相关信息和理念，受益匪浅。

四是优质课。从课堂教学大比武涌现出来的优质课，在反复磨课中凸显新的教学方式的元素，参加区域联盟教研活动，为接下来的优质课评选做好了准备。

在教育的麦田里守望

——课堂教学改革带来的新气象

一、骨干大会交流，课改方法学习

2021年7月30日，我校中青年教师参加莱阳市首批教改实验学校"教学方式变革与运用"培训会，并在培训会上发言交流。读万卷书，不如行万里路；行万里路，不如专家引路；专家引路，不如内心感悟。

二、以理论为基础，组内同发展

学校购买《新时代教学方式变革与运用指导》一书，利用暑假时间组织骨干教师学习；以各级部为单位，由各级部组长带领教师细致解读课堂教学模式，引导教师更新教学理念，深入探讨教改方式，扎实推进课堂教学变革。

三、线上探究性学习，促进教学方式转变

2021 年 11 月 19 日，学校全体数学教师参加"南方教研大讲堂"开展的"探究性学习，促进小学数学教与学方式转变"线上活动。本次活动重点探讨如何开展小学数学探究性学习，针对探究性问题设计不准、探究时间不足、学困生参与度不高等问题进行研讨交流，并且通过具体课例展现如何运用前置探究促进教与学方式的转变。

四、活跃课堂氛围，改变课堂生态

美国教育心理学家康尼认为，教师要实现良好的课堂运作，其中最重要的就是创设生动活泼、多样化的教学情境。课堂上，教学方法运用得当，课堂气氛宽松活跃，是提高课堂教学质量的前提。因此，学校为了帮助新教师尽快掌握课堂，开展了以"如何营造课堂良好氛围"为主题的座谈会。

五、以教研为契机，创教改模式

学校以教研组为单位，组织教师细致解读《新时代教学方式变革与运用指导》一书，创设了西关小学"五步三学"教学改革模式，扎实推进课堂教学改革，构建高效课堂。中青年教师带动老教师学习新课改，在教改的大环境下同提高、共成长。

附件：西关小学"五步三学"教学改革模式

一、五步

"五步"指预、导、探、测、理。其中，情景导入 2 分钟，体现质疑激趣，操作程序为：营造情景—板书课题—出示目标。探究合作 25 分钟，体现学生在合作中探究，再展示，操作程序为：互学—展示—评学—点拨—归纳。测评巩固 10 分钟，体现当堂检测、当堂巩固，操作程序为：检测—互评—展评。梳理反刍 3 分钟，体现"咀嚼消化"到"优化升华"的过程，操作程序为：整理—启示—分享。

二、三学

"三学"指导学（预习导学）、互学、评学。一是导学，这是培养学生预习习惯和提高学生预习能力，让学生会学习的一个重要途径。学校教师认真编写精细合理、形式多样和富有挑战的预习导学单，分发到每一位学生手中，使学生的预习有明确的方向和具体的要求，形成课堂教学的最佳状态。设置以知识链接、学习目标、自主探究、尝试练习、我的收获、我的困惑、新的收获为框架的提纲式预习单，组织学生进行有目的性和指导性的预习。预习模式为：自主探究—当堂交流—课堂验证—知识梳理。

自主探究即学生在自学的过程中，根据教师事先发给的预习单，在自学的过程中做到边看预习单边看书，边看书边思考探究。对于概念课、了解性内容和复习课，可以让学生直接看书预习，预习单呈现的是供学生填写的结论的留白及学生的批注和问题，这样不仅使学生在看书的过程中了解、梳理了知识，同时培养了学生的问题意识和质疑精神。对于以探究为主的新知识，如面积体积的计算、解决问题、简便计算等内容，预习单呈现的是学生亲身经历知识的形成过程，引导学生在动手操作、合作交流等方式中开展活动。

当堂交流即在学生预习的基础上，教师引领学生在课堂上进行思维的碰撞。教师组织学生进行自主思维交流，学生进行第二次的思维碰撞，把自己的成果分享给同伴，倾听其他小组的想法。教师还可以在巡视中及时了解学生的思维动向及预习情况。

课堂验证即学生在交流后，头脑中有了更深刻的知识后，听讲就更有目的性——听懂的知识在教师的讲解中进行验证，不懂的知识在教师的讲解中解开谜团。教师在课堂中动态产生问题，学生则动态产生新知。教师也可以针对学生的质疑进行有效的点拨与引导。

知识梳理即学生可根据课堂中的学习情况，回过头来思考一下，整理出收获和困惑。学生在自学过程中越想越有方法，越学越会思考。

二是互学，包括对学、群学、小组展示。要求在教师指导下，引导学生通过交流合作，进行讨论探究和启发探究。教师在互学时要重点关注以下问题——①明确教的内容：学生预习后仍不能掌握的。②明确教的方式：让已掌握的学生先讲。生讲对，师肯定，不必重复；讲的不完整的，达不到深度的，师补充；讲错了，师引导更正。③明确教的要求：不是讲题，而是引导学生找解决的方法。

三是评学，即反馈，包括评判、点拨和评价。评学必须先展后评，要求以学习目标为主线，当堂落实教学目标，鼓励学生全员参与，激发学生主动学习的热情。

综上所述，预习导学单和课堂导学单是实施"五步三学"教学改革模式的导航仪和有效载体，构建高效的课堂合作小组是实施"五步三学"教学改革模式的保障。而实施"五步三学"教学改革模式则必须结合教学常规才能产生实效。

教育，不是学校的独角戏

古人云："人生至乐，无如读书；至要，无如教子。""爱子，教之以义方。"在我们几千年的传统文化中，父母都有望子成龙、望女成凤的情结。

2011 年，社科院发布了《社会心态蓝皮书》，列举了中国人 9 种生活动力。其中，"子女发展期望"排在首位。近年来，社会上出现了一个有趣现象，中国家长一下子有了很多与动物有关的代号："虎妈""猫妈""狼爸""羊爸"……一时间成为家庭教育的热词，其背后也折射出家长们希望孩子在学习和事业上出类拔萃、出人头地的期盼心态。

曾经有一段视频在网上被竞相转发：小熊要跟着妈妈爬很陡峭的雪山，虽然一次次失败滑下山坡，却仍一次次奋力尝试，最终成功登顶。我们在纷纷为那个在冰山雪岭、绝壁险峰上顽强拼搏的小身影点赞时，是否能想到，那位在山顶上按捺焦虑、舍得放手、耐心等待、启发引导的熊妈妈才是小熊奋力向上的关键，更值得我们学习。正是熊妈妈的陪伴、引领、支持和放手，让小熊感受到了自信、体贴、依靠和鼓励，才激励了小熊放手一搏、永不言弃、愈挫愈勇。这段视频让我想起法国思想家卢梭在其名著《爱弥儿》中提出的观点：最好的教育是学生看不到教育的发生，却实实在在地影响着他们的心灵，帮助他们发挥潜能。

家庭、学校是孩子健康成长的两大环境。家庭教育是孩子健康成长的基础，学校教育是孩子走向成功的保障。作为教育者，教师和家长有共同的责任，可以概括成八个字：以身作则、言传身教。我们要全面学习教育知识，系统掌握教育科学理念和方法，自觉地用正确思想、正确方法、正确行动教育引导孩子；不断更新教育观念，坚持立德树人导向，以科学的成人观、成才观引导孩子逐渐形成正确的世界观、人生观、价值观；不断提高自身素质，以身作则，时时处处给孩子做榜样，以自身健康的思想、良好的品行影响和帮助孩子养成好思想、好品格、好习惯，用教师、家长的"好好学习"，激励孩子们的"天天向上"。

有句话说，父母是孩子的第一任教师。孩子从一出生下来，就和父母在一起，孩子在语言文字的学习、心理思想态度和行为习惯的养成上都受到父母的熏陶和感染，其影响作用是非常大的。家庭教育对孩子的影响和作用，是学校教育所不能代替的。在人才培养的系统工程中，家庭教育是基础工程，家庭教育的好坏将直接关系到民族的兴旺、祖国的富强，因此，做好家庭教育对学生健康成长具有极其重要的意义。家长应该学习相应的家庭教育知识，在家庭教育过程中发挥积极的、正确的作用。

一、充分调动家长的教育主动性，实现家校合作

要实现家校共育，教师要与家长经常沟通，交流教育观念及对孩子教育问题方面上的认识，相互切磋，以达共识，商讨教育对策。

在孩子的成长过程中，家长应积极参与学校教育，配合学校开展工作，共同使孩子达到最佳的教育目标，以利于孩子的健康成长。

（一）家长应为孩子成长创设良好的条件

家长应为孩子成长创设良好的物质条件和精神条件。家庭生活环境应当清洁整齐，每一样物品都应有其固定的位置，注意培养孩子用完东西放回原处的良好习惯。在家庭生活中要让孩子承担一些力所能及的劳动等，这样可以培养孩子养成讲卫生、有条理、负责任的生活习惯。在家庭中，家长还要建立和谐愉快的家庭氛围，建立尊老爱幼、夫妻互敬互助的良好伦理关系，如果父母之间感情淡漠，经常为一些生活中的琐事争吵、打架，势必会给孩子留下心理阴影，造成心理伤害，影响孩子的健康成长。因此，家长要不断学习思考，充实自己的科学知识，灵活运用不同的教育方法促进孩子的健康发展。

（二）在日常生活中全面了解孩子，关心孩子

在家庭生活中，家长对待孩子要合理地掌握"宽"和"严"的分寸，既要尊重孩子的人格，耐心听取孩子的合理建议，满足孩子的正当要求，也要抵制孩子的不合理要求，耐心说服，绝不能姑息迁就。

（三）家长以身作则，时刻做孩子的榜样

孔子说："其身正，不令而行，其身不正，虽令不从。"家长只有严格要求自己才能掌握教育的主动权，才能有良好的教育效果。如果要求孩子做到的家长自己并不能做到，久而久之家长就会失去威信。家庭教育对子女的影响最关键的一条就是要从根本上加强自身的修养，用自己的人格去感染孩子。家长是孩子榜样。

二、家庭教育重点做好以下几方面的工作

（一）抓好个性教育，培养良好的品德

个性是决定一个人一生成功与否的关键，品德是决定一个人一生处世的基石，所以家庭教育要把抓好孩子的个性教育、培养孩子的良好品德放在首位。一是要抓好长期教育，二是要抓好行为教育。对孩子的个性和品德教育最忌热一阵、冷一阵，更忌放手不管，任其自然。在不同的年龄阶段，孩子的行为特征均有规律可循。家长应根据孩子不同时期的行为特征做好潜移默化的教育，帮助孩子养成良好的品德。

（二）抓好成功教育，培养孩子的远大理想

理想是人生的支柱，没有理想的人生是碌碌无为的人生。帮助、引导孩子树立远大理想是家长教育孩子的又一重大责任。理想应该与孩子的成长同步，建立在孩子成长的基础之上。在实践中，有的家长过于重视长期目标的期盼，而忽视了短期目标的实践，最终导致理想的落空。家长要根据孩子成长发展的现状，及时调整修正短期目标。

（三）抓好学习习惯教育，培养孩子学习能力

家长都希望自己的孩子会读书，将来成为国家有用的人才，可是有部分家长却忽视了抓好孩子的学习习惯的教育。首先，要培养孩子爱读书的兴趣，有不少的孩子并不是天赋差，而是这些孩子缺少一份爱读书的兴趣。其

次，要培养孩子会读书。也就是说作为家长，要配合教师，根据孩子自身的特点，帮助孩子建立一套科学、有效的读书方法。学生只要有了"一套方法"，读起书来就轻松愉快，而且能自然地把书读好。最后，家长还要善于发现孩子的特长并培养其特长，让其特长得到充分的发展，最终形成工作中自己能施展才能的专长。

（四）抓好实践教育，培养学生的创新能力

现代社会发展迅猛，科学技术日新月异，正是这一时代特征，也要求家长转变传统的教育思想，培养有实践能力、创新能力的孩子。首先是培养孩子的动手能力，因实践能力是建立在动手能力的基础之上，没有动手能力就无法实行实践能力的培养。其次是培养孩子善于思考的能力，尤其是要培养孩子反思的能力。最后是培养孩子信书但又不安于书本的敢于挑战的思维方式，遇事多问几个为什么。当孩子形成了这种"善思""反思""敢于挑战的思维"之后，孩子的创新能力就会在学习中生根开花，也许会取得惊喜的收获。

（五）抓好挫折教育，培养孩子明理践行能力

孩子的成长是一个复杂的过程。在这一过程中，孩子的"明理"是在一个不断判定中逐步成熟的，孩子的"践行"也是在不断实践中提高的。家长要责无旁贷地做好指导，尤其对孩子的不良言行，比如任性、待人不礼貌、贪玩等，作为家长就得进行教育，一直到孩子彻底改掉了这些毛病为止。

后记　我们该以怎样的姿态做教育

何谓教育的姿态，教育又应该有怎样的姿态？作为一名校长，我一直在思考这个问题。

从中国文化的观点来说，姿，就是方式方法，是可以让学生感悟的，引着学生在黑夜里摸索到心灵的绳索。态，是教书者的态度，对教学的态度与对学生的态度。

叶圣陶说："教师之为教，不在全盘授与，而在相机诱导。"罗曼·罗兰说："一个人只能为别人引路，不能代替他们走路。"同样，我们也应该抱着这样的姿态来践行教育。

一、树立"以人为本，以德为先"的教育理念

教育为本，德育为先。"立德树人"是中华优秀的传统文化，中华文化主要是伦理道德文化。中华传统文化的精髓用一个字来概括，就是"仁"；用两个字来概括，就是"仁爱"；用三个字来概括，就是"泛爱众"；用四个字来概括，就是"仁者爱人"；用五个字来概括，就是"仁义礼智信"。

将"立德树人"作为教育的根本任务，有着特定的内涵和时代的意义，这对增强民族的认同感、文化的归属感有着极大的提升作用，对十八大提出的"三个自信"以及十九大的"两个一百年"起着奠基作用。

第一，我们要坚持正确的育人导向。"立德树人"与"教书育人"在根本含义上是高度一致的，但重点强调"立德树人"，是因为立德树人在新时期有其特定的内涵与要求。当前，要抓好两个教育：一是加强社会主义核心价值观教育；二是加强和完善中华优秀传统文化教育。

第二，把握正确的教育价值取向。我们改革的价值取向是什么？《国家中长期教育改革和发展规划纲要（2010—2020年)》提出"为每个学生提供适合的教育"。这是国家在教育价值观层面上一次最为明确的宣示。

第三，要聚焦人才培养模式的创新。课程改革说到底还只是一个手段，我们最终目的是要解决长期以来在人才培养模式方面的问题。而最终检验课程改革是否有成效，还要看我们是否培养了大批创新人才。

第四，坚持正确的教育价值观。在"为每个学生提供适合的教育"的价值观引领下，我们要坚持高学业水平，同时加入特色、多样、选择和适合这样一些理念，构成一个相对完整的教育质量观。

在学校，课堂是社会主义核心价值观实施的主渠道、主阵地。充分利用学科特点进行思想教育和情感熏陶，能润物无声地对小学生进行社会主义核心价值观的引领。在教学中，我们坚持以马克思主义为指导，坚持理论与实践相结合，给学生"以人为本"的全面发展。通过多种形式触及学生的心灵，激活学生意愿，转变学生认知，改善学生行为，提高教学时效，引领学生的价值观。

二、探索创新推进课程改革实践

课程是学校教育的基础，是学生接受学校教育的最主要载体，课程领导力因此成为校长的核心领导力。

第一，创新课堂教学模式，转变学生学习方式。学习方式转变是新课程改革的显著特征。改变原来单一的、被动的学习方式，建立和形成旨在充分调动、发挥学生主体性的多样化学习方式，促进学生在教师指导下主动地、富有个性地学习，既是课程改革的要求，又是学校教育的必然选择。

第二，创新课程开发模式，促进学生全面发展。实施新课程改革以来，我校在已有的课改成效基础上，以"积极、理性、坚持"的态度和作风，扎实推进课改，形成了课程规划、组织、选择的科学流程，大力开发了各种各类课程资源，形成了在办学思想引领下的、较为完备的课程体系。

第三，创新课程评价方式，提升学生整体素养。我校全面实施教育部制订的"绿色"评价体系，建立了综合素质评价机制，改变了过去只以分数评价学生的方式。通过学生自我评价、学生互评、班主任的操行评定、家长评议等多渠道评价，客观真实地反映了学生的综合素质。

三、守正创新，加强新时代未来教师培养

众所周知，教育事业是一项面向未来的事业。培养具有时代精神和鲜明个性的人是创新教育的主旨和灵魂。教师应能够迅速认识新事物，积极捕捉信息，增强利用和处理信息的能力，摆脱教条，敢于质疑，善于突破，勇于超越，解放自己的创造力，激发自我创新热情。只有教师具有这种强烈的创新意识时，才有可能在日常教育中有意识地关注学生的创新精神，在各项活动中引发学生的创新兴趣，在生活实践中培养学生的创新能力。

第一，坚定教育信念是教师专业成长的指路明灯。教育信念是教育者在自己本职工作岗位上，无论是思想层面，还是情感方面和行为领域都自觉自愿、持之以恒地做平常事的定力。教师要有坚韧步伐，有克服困难的毅力，从而成就远见卓识的洞察力，不断提高教育改革创造力。

第二，抓住关键期是教师专业成长的内在要素。教师专业成长在教师生涯的关键期尤为重要。

第三，提高教学艺术是教师专业成长的更高追求。教师课堂教学的艺术

源于平时对教学经验的日积月累，对教学细节的敏锐洞察，对教育规律的认真把握，以及师生情感的真切融合。教师要善于将教育教学理念贯穿于每一个学生的学习生活。

四、智能时代，建设新时代未来学校

第一，实现教与学方式的变革。我们教育的 4.0 时代已经到来，势必影响着教与学方式的变革。在重构教育形态的同时，教师身份发生着重大转变。在教学上，教师应当是知识体系的构建者，成为学生学习的"重要他人"。课堂上，学生主体地位凸显，学生自己去探究，去体验，去归纳，去分享……学习过程中，学生将生活体验与知识学习相联系，建立知识与知识之间的重新联结，在不断发现新问题中解决问题，又在解决问题中发现新的问题。未来学生的学习，从内容上，逐步由单一学科知识的传授转向跨学科能力的培养；从形式上，由固定班级授课模式转为基于信息网络技术、VR技术等的互动教学以及跨领域跨时空的学习模式。主题学习、项目学习等更为贴近学生现实生活，指向问题解决的学习方式将成为常态。这时，教师的角色也由传统的传道授业解惑，更多转为学习资源的提供者、学习过程的监控者和学生发展的引导者等。

第二，汇聚多元主体共同参与。生活、社会已成为学生知识的丰富来源，学习空间已经发展为广阔的社会课堂。我们应该调动多方力量，深入发掘课程资源。彰显把儿童放在社会中心的"我们的教育"价值观，正在不断提升教育教学品质，提升学生的核心素养。

第三，满足学习内容的定制化。未来的学习内容会更个性化和定制化。我们对于部分学生可以打破常规，根据个人的学习特质构建知识体系和能力体系，将学习内容进行不同的排列组合。让更多的学生在学习上游刃有余，达成我们教育的目的，让更多的学生实现个人的进步，得到个人建构。

　　未来学校已经悄悄来临。过去，我们已有未来学校之梦；不久，定有未来学校之实。守望传统，面向未来。正如十九大报告中指出的，"历史只会眷顾坚定者、奋进者、搏击者，而不会等待犹豫者、懈怠者、畏难者"。我们若想在新时代成为一名奋进者，就要深刻把握新时代下的新要求，以坚韧不拔的精神，奋力谱写社会主义现代化新征程的壮丽篇章。

隋晓光

2023 年 7 月

参考文献

［1］石中英. 教育哲学［M］. 北京：北京师范大学出版社，2007.

［2］林崇德. 中国学生发展核心素养：深入回答"立什么德、树什么人"［J］. 人民教育，2016（19）：14－16.

［3］陈华，肖晗. 创新人格研究综述［J］. 西南民族大学学报（人文社会科学版），2011（S3）：221－223.

［4］陈霞. 教师专业发展的实效性研究［M］. 北京：北京大学出版社，2012.

［5］亚伯拉罕·哈罗德·马斯洛. 人性能达到的境界［M］. 马良诚，等译. 西安：陕西师范大学出版社，2010.

［6］董奇. 儿童创造力发展心理［M］. 杭州：浙江教育出版社，1993.

［7］林崇德，等. 创新人才与教育创新研究［M］. 北京：经济科学出版社，2009.

［8］甘秋玲，白新文，刘坚，等. 创新素养：21世纪核心素养5C模型之三［J］. 华东师范大学学报（教育科学版），2020（2）：57－70.

［9］理查德·普林. 教育研究的哲学［M］. 李伟，译. 北京：北京师范大学出版社，2008.

［10］黄四林，张叶，莫雷，等. 核心素养框架下创新素养的关键指标［J］. 北京师范大学学报（社会科学版），2021（2）：27－36.